FUKUOKA

福岡県

丸善出版 編

丸善出版

刊行によせて

「47都道府県百科」シリーズは、2009年から刊行が開始された小百科シリーズである。さまざまな事象、名産、物産、地理の観点から、47都道府県それぞれの地域性をあぶりだし、比較しながら解説することを趣旨とし、2024年現在、既に40冊近くを数える。

本シリーズは主に中学・高校の学校図書館や、各自治体の公共図書館、大学図書館を中心に、郷土資料として愛蔵いただいているようである。本シリーズがそもそもそのように、各地域間を比較できるレファレンスとして計画された、という点からは望ましいと思われるが、長年にわたり、それぞれの都道府県ごとにまとめたものもあれば、自分の住んでいる都道府県について、自宅の本棚におきやすいのに、という要望が編集部に多く寄せられたそうである。

そこで、シリーズ開始から15年を数える2024年、その要望に応え、これまでに刊行した書籍の中から30タイトルを選び、47都道府県ごとに再構成し、手に取りやすい体裁で上梓しよう、というのが本シリーズの趣旨だそうである。

各都道府県ごとにまとめられた本シリーズの目次は、まずそれぞれの都道府県の概要（知っておきたい基礎知識）を解説したうえで、次のように構成される（カギカッコ内は元となった既刊のタイトル）。

Ⅰ　歴史の文化編

「遺跡」「国宝／重要文化財」「城郭」「戦国大名」「名門／名家」「博物館」「名字」

Ⅱ　食の文化編

「米／雑穀」「こなもの」「くだもの」「魚食」「肉食」「地鶏」「汁

物」「伝統調味料」「発酵」「和菓子 / 郷土菓子」「乾物 / 干物」

Ⅲ　営みの文化編

「伝統行事」「寺社信仰」「伝統工芸」「民話」「妖怪伝承」「高校野球」「やきもの」

Ⅳ　風景の文化編

「地名由来」「商店街」「花風景」「公園 / 庭園」「温泉」

土地の過去から始まって、その土地と人によって生み出される食文化に進み、その食を生み出す人の営みに焦点を当て、さらに人の営みの舞台となる風景へと向かっていく、という体系を目論んだ構成になっているようである。

この目次構成は、一つの都道府県の特色理解と、郷土への関心につながる展開になっていることがうかがえる。また、手に取りやすくなった本書は、それぞれの都道府県に旅するにあたって、ガイドブックと共に手元にあって、気になった風景や寺社、歴史に食べ物といったその背景を探るのにも役立つことだろう。

＊　　＊　　＊

さて、そもそも47都道府県、とは何なのだろうか。47都道府県の地域性の比較を行うという本シリーズを再構成し、47都道府県ごとに紹介する以上、この「刊行によせて」でそのことを少し触れておく必要があるだろう。

日本の古くからの地域区分といえば、「五畿七道と六十余州」と呼ばれる、京都を中心に道沿いに区分された8つの地域と、66の「国」ならびに2島に分かつ区分が長年にわたり用いられてきた。律令制の時代に始まる地域区分は、平安時代の国司制度はもちろんのこと、武家政権時代の国ごとの守護制度などにおいて（一部の広すぎる国、例えば陸奥などの例外はあるとはいえ）長らく政治的な区分でもあった。江戸時代以降、政治的区分としては「三百諸侯」とも称される大名家の領地区分が実効的なものとなるが、それでもなお、令制国一国を領すると見なされた大名を「国持」と称するなど、この区分は日本列島の人々の念頭に残り続けた。

それが大きく変化するのは、明治維新からである。まず地方区分は旧来のものにさらに「北海道」が加わり、平安時代以来の陸奥・出羽の広大な範囲が複数の「国」に分割される。政治上では、まずは京・大阪・東京の大都市である「府」、中央政府の管理下にある「県」、各大名家に統治権を返上させたものの当面存続する「藩」に分割された区分は、大名家所領を反映して飛び地が多く、中央集権のもとで中央政府の政策を地方に反映させることを目指した当時としては、極めて使いづらいものになっていた。そこで、まずはこれら藩が少し整理のうえ「県」に移行する。これがいわゆる「廃藩置県」である。これらの統合が順次進められ、時にあまりに統合しすぎて逆に非効率だと慌てつつ、1889年、ようやく1道3府43県という、現在の47の区分が確定。さらに第2次世界大戦中の1943年に東京府が「東京都」になり、これでようやく1都1道2府43県、すなわち「47都道府県」と言える状態になったのである。これが現在からおよそ80年前のことである。また、この間に地方もまとめ直され、京都を中心とみるのではなく複数のブロックで扱うことが多くなった。本シリーズで使っている区分で言えば、北海道・東北・関東・北陸・甲信・東海・近畿・中国・四国・九州及び沖縄の10地方区分だが、これは今も分け方が複数存在している。

だいたいどのような地域区分にも言えることではあるのだが、地域区分は人が引いたものである以上、どこかで恣意的なものにはなる。一応1500年以上はある日本史において、この47都道府県という区分が定着したのはわずか80年前のことに過ぎない。かといって完全に人工的なものかと言われれば、現代の47都道府県の区分の多くが旧六十余州の境目とも微妙に合致して今も旧国名が使われることがあるという点でも、境目に自然地理的な山や川が良く用いられているという点でも、何より我々が出身地としてうっかり「○○県出身」と言ってしまう点を考えても（一部例外はあるともいうが）、それもまた否である。ひとたび生み出された地域区分は、使い続けていればそれなりの実態を持つようになるし、ましてや私たちの生活からそう簡単に逃れることはできないのである。

*　　　*　　　*

各都道府県ごとにまとめ直す、ということは、本シリーズにおいては「あえて」という枕詞がつくだろう。47都道府県を横断的に見てきたこれまでの既刊シリーズをいったん分解し、各都道府県ごとにまとめることで、私たちが「郷土性」と認識しているものがどのようにして構築されたのか、どのように認識しているのかを、複数のジャンルを横断することで見えてくるものがきっとあるであろう。もちろん、47都道府県すべての巻を購入して、とある県のあるジャンルと、別の県のあるジャンルを比較し、その類似性や違いを考えていくことも悪くない。あるいは、各巻ごとに精読し、県の中での違いを考えてみることも考えられるだろう。

ともかくも、地域性を考察するということは、地域を再発見することでもある。我々が普段当たり前だと思っている地域性や郷土というものからいったん身を引きはがし、一歩引いて観察し、また戻ってくることでもある。有名な小説風に言えば、「行きて帰りし」である。

本シリーズがそのような地域性を再発見する旅の一助となることを願いたい。

2024年5月吉日

執筆者を代表して
森岡　浩

目　次

Ⅳ 風景の文化編 169

【注】本書は既刊シリーズを再構成して都道府県ごとにまとめたものであるため、記述内容はそれぞれの巻が刊行された年時点での情報となります

福岡県

知っておきたい基礎知識

- 面積：4987 km^2
- 人口：510万人（2024年現在）
- 県庁所在地：福岡市
- 主要都市：北九州、久留米（くるめ）、飯塚、直方（のうがた）、大牟田（おおむた）、春日（かすが）、筑紫野（ちくしの）、柳川（やながわ）、行橋（ゆくはし）、太宰府（だざいふ）、八女（やめ）
- 県の植物：ツツジ（木）、ウメ（花）
- 県の動物：ウグイス（鳥）
- 該当する令制国：西海道筑前国（ちくぜんのくに）（福岡市を中心とした北部地域）、筑後国（ちくごのくに）（おおむね筑後川以南の南部地域）、豊前国（ぶぜんのくに）（門司（もじ）・小倉（こくら）を含む東部沿岸地域）
- 該当する領主：福岡藩（黒田氏）、久留米藩（有馬氏）、小倉藩（小笠原氏（おがさわらうじ））、柳川藩（立花氏）など
- 農産品の名産：コメ、イチゴ、牛、鶏、イチゴ、カキ、チャなど
- 水産品の名産：マダイ、ノリ、フグ、カキなど
- 製造品出荷額：9兆4450億円（2021年）

●県　章

「ふくおか」の「ふ」と「く」を、梅の花をモチーフにして図案化したもの。

●ランキング1位

・鉄道レールの輸出量　厳密には北九州市の戸畑港（とはたこう）のもので、輸出シェアにおいても2022年統計で全国の8割以上を占める。北九州市戸畑区のすぐ隣の八幡東区（やはたひがしく）にはかつての官営八幡製鉄所や、現在も稼働している日本製鉄九州製鉄所があり、レールのほとんどはこの九州製鉄所の製品である。八幡製鉄所で用いる鉄鉱石は開設された当初、中国から輸入されており、海を介して海外とのつながりが多い福岡県の性格の一端を示している。なお、ながらく博多港が海外航路の乗降客数で全国トップクラスだった。

●地　勢

九州地方の北部に広がる県である。令制国では筑前（ちくぜん）、筑後（ちくご）、豊前（ぶぜん）に分けるが、現在の県による区分では、筑後地域、福岡市を中心とした福岡都市圏地域、北九州市の周辺地域と豊前を合わせた北九州地域、遠賀川（おんががわ）の中・上流部にあたる筑豊（ちくほう）地域に分けられている。

主要な河川としては福岡平野を構成する那珂川（なかがわ）、佐賀県にまたがる広大な筑紫平野を構成する筑後川、直方（のうがた）平野を構成する遠賀川があげられる。これらの平野は古くから穀倉地帯として知られている。筑後地域の中心都市である久留米は筑後川の中流に位置している。

山は佐賀県県境にそびえる背振山地（せふりさんち）や福岡市の東にそびえる篠栗山地（ささぐりさんち）をはじめとして比較的低山が多いが、南部の九州山地につながる一帯や大分県との県境には険しい山があり、そのうちの一座である英彦山（ひこさん）は山岳信仰の場としても知られている。また、本県を特徴づけるのが石炭の分布であり、遠賀川流域の直方や飯塚の周辺には、筑豊炭田（ちくほうたんでん）と呼ばれる多数の炭鉱が、また南部の大牟田市（おおむたし）と熊本県荒尾市とにまたがって三池炭田が広がり、往時には日本最大級の炭田として知られた。

海岸線は有明海（ありあけかい）に面する南部において干潟（ひがた）が多く遠浅の海が続く。一方、北部は低山が海に没する場所もいくつかあって島がいくつかあり、博多湾周辺の志賀島（しかのしま）や玄界島（げんかいじま）、聖地として知られる宗像（むなかた）の沖ノ島（おきのしま）などがある。古代には博多湾の西側にある糸島半島も島であったと推定されており、志賀島と九州本土とをつなぐ砂州（さす）「海の中道」の南にある広大な博多湾は古代以来の港として栄えてきた。北九州市の近くにも洞海湾（どうかいわん）がある。

●主要都市

・**福岡市（博多地区）** 古代の那の津（奴国）の比定地とされ、以来日本史を通じて国内を代表する貿易都市・港湾都市にして商業都市として栄えた県庁所在地。江戸時代に一時失われた国際貿易港としての役割も、東アジア地域に最も近い日本の大都市としての位置づけが見直されたことによって戻り、現在では国内でも最も発展している都市の一つに数えられる。櫛田神社などの古社古寺も多い。

・**福岡市（福岡地区）** 博多から那珂川を挟んで西側に、江戸時代に整備された城と城下町を指す。名前は藩主の黒田家のルーツである備前国福岡の市に由来するとされる。博多とは川を挟んだ双子都市兼ライバル関係として発展しており、明治時代の市名決定をめぐる両者の対立は現代まで伝えられている。現代においては天神地区も繁華街として知られる。

・**北九州市（小倉地区）** 陸路において東の本州から入った道筋の分岐点として古くから知られていた、直接的には江戸時代初頭の小倉藩の城下町に由来する都市。近代には北九州工業地帯の中心都市の一つとしても知られ、現代でも市場や街並みに名残を残す。

・**北九州市（門司地区）** 関門海峡の南側、古くからの大里の宿場町の近くに、近代になって九州地方の海路での玄関口として急速に整備された港町。門司港レトロを代表格にして、戦前の多くの建築物が残る。

・**北九州市（八幡地区・戸畑地区・若松地区）** 小倉の西側にある八幡村に、明治時代に整備された巨大製鉄所「八幡製鉄所」を中心として、筑豊炭田の石炭の移出や鉄の生産で栄えた工業都市。その発展は、3地区が面する洞海湾の地形を大きく埋め立てや掘り込みで変えてしまうほどであった。現代ではその経験をもとにした技術産業も推進している。

・**久留米市** 筑後川の中ほど、江戸時代の初頭に久留米藩の城下町として発展した筑後地域北部の中心都市。製造業も盛んである。

・**八女市** 筑後平野南部、古代以来の遺跡も多い自治体。中心地の福島は江戸時代以来の在郷町として栄える。お茶の産地としても有名。

・**柳川市** 筑後平野の南側にある、筑後地域南部の古くからの中心都市。城下町には城の堀に加えて筑後平野特有の用水路が多数張り巡らされており、水郷の異名と風情で知られる。

・**大牟田市** 筑後地域の南西端にある、三池炭鉱の拠点として栄えた工業都市。隣接する荒尾市と共に、積み出し施設や採炭施設などの多数の産業遺産が残されている。

・**太宰府市**　かつて九州地方一帯を管轄した律令制上の地方機関「大宰府」がおかれた都市。現代では福岡市のベッドタウンとしての地位が大きいが、遺跡や天満宮などかつての名残もある。

・**飯塚市**　筑豊地域の南部にある、江戸時代の長崎街道の宿場に由来する都市。近代においては地域北部の直方市などと合わせて炭鉱地帯の中心地として栄え、当時のぼた山（石炭を採掘した残土）も残っている。

●主要な国宝

・**金印「漢委奴国王」**　1784年、当時福岡藩領であった志賀島で発見された「漢委奴国王」の字が刻まれた金の印章。金のため保存状態は極めて良い一方、田畑の耕作中に偶然発見されたという経緯などから、偽造説が古くからあった。ただ、現状では、大きさが漢の時代に使われていた寸の長さに一致していること（寸は長さの単位だが、時代によりやや違いがある）、彫られている文字が漢代のほかの資料から推定されるものに近いこと、論点の一つだった持ち手がどうも最初にラクダをかたどろうとして途中で蛇に代わっているとみられ偽作とした場合に不自然であることなどから、今のところは本物と考えた方がよさそうとみられる。

・**沖ノ島神宝**　北部の宗像市にある宗像大社に保管されている、銅鏡や勾玉、鉄製の馬具金具や須恵器など800点以上もの遺物からなる。宗像大社の祭神である宗像三女神はアマテラスの子にして航海の女神として、同じく水にまつわる女神である弁財天と長らく習合して信仰されており、厳島神社（広島県）の祭神ともされる。沖ノ島は玄海灘北回りで朝鮮半島に向かう場合にはちょうどその航路の目印にあたり、古墳時代から平安時代前期（4～9世紀）にかけてこの島で多数祭祀が行われた。国宝に指定されている遺物の多くはこの祭祀で利用されたものとみられる。

●県の木秘話

・**ツツジ**　ラッパ状の花を咲かせるツツジ科の低木。すでに『万葉集』に登場するほど古くから知られていたが、江戸時代における園芸品種の急速な開発には九州地方の自生種も多数貢献しており、福岡県では久留米藩の武士によって交配された「クルメツツジ」が知られている。

・ウメ　五弁の花を咲かせるバラ科の木。大阪府の花でもある。福岡県で有名な伝承には太宰府天満宮の飛梅がある。平安時代の中頃、政争に敗れ左遷された菅原道真公（天神様）が京の屋敷を発つ際に「東風ふかばにほひ起こせよ梅の花／主なしとて春な忘れそ」（東の風が吹いたならば匂いを送っておくれ、梅の花よ／屋敷の主人がいないといって、春を忘れてくれるな）と和歌を詠んだところ、梅の木が恋しさのあまりに太宰府にまで空を飛んできたという。太宰府天満宮はこの伝承の故地に創建された。

●主な有名観光地

・三池炭鉱とその遺産　大牟田・荒尾・玉名にかけて広がる炭田は、国内有数の財閥にして現在でも企業グループである三井が明治時代以降運営してきた。海底にかけて広がる石炭を掘り出すため、当時の最新技術も多数用いられている。特に万田坑周辺にはレンガ倉庫や三池の築港（浅い有明海に大型船が出入りするための港）が残っている。

・秋月城下町　中部の筑後川北岸、朝倉市の山際にある小城下町は中世から近世にかけて豪族や福岡藩分家の本拠地として栄えた。その立地故に近代の主要交通路からは外れたものの、武家屋敷や石橋、サクラや水路などがコンパクトにまとまった城下町は今もその風情を残す。

・博多旧市街　国内有数の大都市である福岡市の博多地区は、同時に古代以来の港町であり、承天寺や櫛田神社、聖福寺をはじめとした多数の古寺古刹や、町人地の名残りである町割りや民家が多数残る都市である。もちろん、九州最大の繁華街である天神や中洲なども近く、九州地方最大の都市にしてアジア諸国に最も近い活気ある大都市としての姿を見せている。

●文　化

・博多山笠　鎌倉時代に祇園会（スサノオをまつって疫病退散を祈る祭り）として始まった祭りは、博多各町から多数の山車が出る国内有数の盛大な祭りとして、博多どんたくとならぶ市内有数の祭りとして知られている。祝いの歌として有名な歌詞の一節は、「めでためでたの若松様よ／枝も栄えりゃ葉も繁る」であるが、これは伊勢方面から広がったらしく、はるか離れた山形県の「花笠音頭」にも同じ一節がある。

・炭坑節　盆踊りの歌として有名な炭坑節は、炭鉱の上に出た月も、煙突の煙で煙たかろうという歌詞から始まる口説き歌、炭坑で良質の石炭を選ぶ選炭場での労働歌が由来で、筑豊炭田（田川市・直方市周辺）が発祥とされる。ある時の民謡ブームをきっかけに盆踊りの定番として広まっていったのだが、その際、月が出る炭坑はなぜか同じ県内の三池炭鉱とされた。

●食べ物

・豚骨ラーメン　九州地方ではラーメンのスープはおおむね豚骨を煮出して白濁したものを用いる。豚骨自体は戦前に久留米で使い始めたころからのものらしいが、白濁するようになったのはある時事故的に予定よりも煮出しすぎたものが意外とおいしかったことに由来する、という点は多くの伝承で一致する。由来とされる久留米や有名な博多（長浜の屋台街が有名）などが知られている。

・うどん　博多に伝わる伝承によれば、鎌倉時代の後半に中国宋での修業から戻り承天寺を開山した弁円（聖一国師）が水車などで粉を引きそば・うどんなどを作る製法を伝えたという。現代の博多でもうどんはよく食べられていて、香川のそれに対してやわらかいことなどが知られている。

・筑前煮　鶏肉や根菜を中心とした野菜を炒めて、水気が飛ぶまで火を通した煮物を筑前煮と全国的にはいうが、福岡県周辺では「がめ煮」という。もとは亀を使っていたとも、方言「がめくりこむ」（寄せ集める）が由来ともされる。鶏肉を使うようになったのは江戸時代以降らしい。福岡に限らず九州北部地域では鶏料理が多く、長崎に由来して福岡に広まった「水炊き」や、豊前地域の「かしわめし」、中津などのから揚げなどがある。

●歴　史

•古　代

日本全土の中で最も大陸に近接した九州の中でも、福岡県の県域は特に大陸への玄関口としての歴史が長い地域である。福岡市中心部のやや南側にある板付遺跡からは弥生時代の集落・水田遺跡が発見されており、かなり早くに稲作が入った地域であることがわかっている。また、中国側の記録による『後漢書東夷伝』や、有名な『魏志東夷伝倭人条（魏志倭人伝）』に登場する「奴国」は、現在の福岡市博多周辺に比定される港湾の那の津であることが確実視されている。

ここでなぜ那の津かということをたどると、『魏志倭人伝』によれば、帯方郡（朝鮮半島）から現在の対馬・壱岐・唐津・糸島半島と比定される土地を経由すると那の津につくという記述がある。沖合の航海がまだ難しい時代において、東シナ海を真っ直ぐ横断するルートはまだ危険性が伴い、島を経由して向かえるこのルートがメインルートだったのである。また北よりのルートとして、世界遺産でもある宗像沖ノ島を経由するルートも使われていたことが、島で見つかった遺物から確認されている。このこともあってか、後の『古事記』にも、九州全島をさして、この地域を指す筑紫の名で呼ぶ「筑紫島」という用例がある。後代までかなり強い独立的な勢力があったことは確からしく、『日本書紀』には6世紀の前半に筑紫と隣の豊国に勢力を持っていた磐井という豪族を戦いの末に鎮圧した、という記載がある。相当する豪族がいたらしいことは、記述に合致する遺物が八女市をはじめとして見つかっていることから有力視されている。一方の豊前北部地域も、瀬戸内海の九州側の玄関口として、早くから重要視されていた。筑後川の流域でも、ゆたかな水利による開拓が続いていく。

水利も豊かな筑紫地域はその後長く日本列島の対外関係上重要な地域となるが、その表裏一体として海外から攻められることを最も警戒する地域となった。後に九州地方の諸国（西海道）と貿易実務を管轄する重要機関とみなされることになる大宰府の前身は、すでに飛鳥時代の7世紀後半に設立されていた。同時期には白村江の戦いで日本・百済の連合軍が唐と新羅に敗北。水城と呼ばれる防壁や、周辺や瀬戸内航路上に古代山城と呼ばれる防御設備が設置されるなど大陸への警戒が増した。

7世紀末に筑紫は筑前と筑後に分かれ、筑後国府は久留米市のあたりに置かれた。那の津のあたりは博多津と呼ばれるようになり、ここには外交使節を迎えまた貿易を行う鴻臚館も設けられた。また、筑前に置かれた大宰府は西海道諸国を監督する「遠の朝廷」とも呼ばれて、中国・朝鮮半島との外交を担った。地元の官人や豪族は大宰府の機構などにのっとって、来航する商人などからの貿易の利なども得て力をつけていく。

一方、警戒されていた海外からの侵入は平安時代に現実になる。1019年、当時の朝鮮半島北辺に暮らし、朝鮮半島の高麗も略奪していた狩猟牧畜民が海を渡り対馬・壱岐・糸島を襲って博多方面に侵攻。太宰府の責任者であった藤原隆家以下、現地の官人と武人の奮闘で九州本島からは撃退に成功するも、この事件は「刀伊の入寇」と呼ばれ都にも衝撃を与えた。

●中　世

院政期、さらに鎌倉時代に入っても博多を中心とした貿易は隆盛で、この時代には平清盛が博多港を修築したという「袖の湊」の伝説などが残されている（近年の発掘調査で伝説であることが確定した）。鎌倉幕府もまずは1185年ごろに、鎮西奉行として九州諸国を管轄する奉行をおいたとされ、後に中世を通じて九州の名族として知られる少弐氏は、大宰府の在庁官人だった彼らが鎮西奉行にも任命されたことで隆盛したとされている。博多港には中国で盛んになった禅宗なども流入してきていた。

しかし、筑前はまたもや対外的な戦いの舞台となる。1268年、高麗経由で大宰府へと届いた中国の元朝による服属と友好を求める国書に対して幕府・朝廷とも無回答を続けたことをきっかけに、1274年にそれまでの多くの外国軍と同様、元軍が対馬と壱岐を制圧・略奪して博多湾沿岸地域に侵攻した。幕府側は九州周辺地域の御家人や武士を動員して対応させ、季節外れの暴風雨にも助けられて撃退に成功するものの、激しい戦いには変わりなく、幕府側をおおいに警戒させた。その結果1281年の再侵攻の際には博多湾沿いに石塁が設けられ、また志賀島や肥前鷹島などである程度効果的に大軍の上陸を阻むことにも成功した。

南北朝の争いにおいても、大宰府は重要な焦点となり、1361年に一時大宰府を占領した南朝方の懐良親王は、明から当時朝鮮半島～北九州～中国沿岸を荒らしかつ密貿易をしていた倭寇対策をもくろみ1369年に日本国王の冊封を受けるところであったと伝えられている。これにかなり巻き込まれたのが筑後地域であり、一帯では南の肥後（熊本県）に本拠を置き南朝に味方する菊池氏、通称「宮方」と呼ばれていた懐良親王の勢力、大宰府の官人に由来すると自称する北朝方の少弐氏が争いを繰り広げた。一方、東の豊前は、瀬戸内海の反対側に周防（山口県南部）を本拠地とする有力大名の大内氏が、南隣の豊後（大分県）には同じく有力守護の大友氏が控えていたために、守護職がその取り合いとなっていた。

そのような中で迎えた戦国時代においては、筑前と筑後には龍造寺氏が、豊前と筑後には大友氏が進出し、さらに南から島津氏も攻め込むという状況となる。加えて、争いの中で、この時代も栄えていた博多は略奪にあい炎上。これの再建は九州に攻め込んだ豊臣秀吉の主導を待つことになる。

ともかくも、豊臣秀吉の九州攻めを経て、筑前には小早川家が、筑後には立花家が配置。その後の徳川家康の国割を迎えることになる。

●近　世

新たに再建された博多の町の隣には、1601年に入った黒田長政の主導によって福岡の城下町が築かれた。同時期には豊前に入った細川忠興（後に細川家は熊本へ転封）によって小倉城が、田中吉政によって久留米城が整備されるなど、現代における県内の主要都市の基盤が築かれた。柳川も少したってから城主に立花氏が関ヶ原での改易から復帰している。

江戸時代において行われた新田開発は県域でも例外ではなく、筑前は西国有数の穀倉地帯としてしられ、また南部の筑後平野では隣の佐賀藩ともども、有明海の干拓がすすめられている。また、遠賀川流域の洪水被害を防ぎ、水利を得ようと、江戸時代を通じて堀川運河の開削がすすめられ、遠賀川は内陸水路としての重要性を増した。江戸時代の中期にはすでに石炭の産出が遠賀川流域で知られており、大坂方面に輸出されている。特産品の開発においても、後期の久留米絣や、高級織物として知られる博多織（戦国時代には始まっていたものが江戸時代に奨励）などが知られている。

博多も海外貿易港としての地位は失ったとはいえ、小倉などとともに国内海運の主要港として栄えていた。また、特筆すべきは陸路の長崎街道であり、陸路での九州の入り口となった小倉と貿易港長崎とを最短距離でつなぐ街道は多くの往来でにぎわい、同時に蘭学などももたらしていった。久留米の大名である有馬頼徸のように、和算に名を残す好学の人物もいる。

●近　代

幕末において、ちょうど長州藩の対岸にあたる小倉は第二次長州征伐においてその幕府方の前線基地となり、城の炎上などの被害を被っている。福岡藩は大藩でかつ長崎警護の役目を負う都合から蘭学や開国の重要性を藩主はわかっていたものの、藩内に攘夷派の公家の落ち延び先を抱えてしまった（七卿都落ち事件、太宰府）都合で藩内の政情がやや混乱気味のまま幕末を迎えている。同様の事情は久留米藩にも発生している。

廃藩置県においては1871年の整理によって筑後を管轄する三潴県、筑前を管轄する福岡県、豊前全域を管轄する小倉県に整理。その後、現在の大分県域や佐賀県域との県土のやり取りや変遷を経て、現在の県域に確定したのは1876年のことである。

これ以降の福岡県は九州地方北部の工業県にして、東アジア地域への玄関口としての歴史を歩む。筑豊炭田や明治時代に開発が進んだ三池炭鉱は近代において、日清戦争をきっかけに整備された八幡製鉄所をはじめとした多数の工業施設のエネルギー源となり、それを中心とした北九州工業地帯は国内屈指の工業地域として戦後にいたるまで繁栄した。筑豊地域の炭鉱や重工業は戦後に衰退傾向に入り、同地域や三池地域で深刻な不況をもたらしているものの、福岡市を中心とした一帯が再び現代東アジアの経済成長の中で、急速に発展し、外との対立と交流の中で歴史を刻んできた福岡県の歴史をまた象徴している。観光資源としても、沖ノ島や大宰府の遺跡や三池の産業遺産群、門司港レトロなど、その歴史の積み重なりを反映している。近年では小倉・博多両中心地の商業施設開発なども行われている。

【参考文献】
・川添昭二ほか『福岡県の歴史』山川出版社、2010

I

歴史の文化編

遺　跡

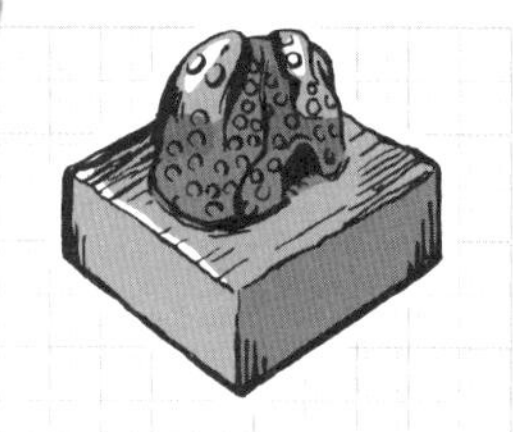

伝志賀島出土（「漢委奴国王」金印）

地域の特色　福岡県は、九州の北部中央に位置する。東側に石峰山地、福智山地が続き大分県に接し、西部には東西に背振山地が走り、それに沿って阿蘇外輪山より発する筑後川が流れて、佐賀県と接する。また、中央部には三郡山地が南北に走り、その東に遠賀川が流れている。南部では矢部川を挟んで耳納山地、筑肥山地が東西に広がり、熊本県と接する。遠賀川の流域には飯塚盆地・直方平野を含む筑豊平野が開け、博多湾に臨む福岡平野は対外交渉の地になるなど、この両平野には弥生時代以降の多くの遺跡が認められる。なお、遠賀川流域には縄文時代の遺跡も認められる。また玄界灘の海上には、宗像市沖ノ島が位置し、その祭祀遺跡群は著名であり、2017年世界文化遺産（「神宿る島」宗像・沖ノ島と関連遺産群）に登録された。

古代には、筑前国は筑後国と合わせて筑紫国といわれていた。6世紀初頭のいわゆる「筑紫国造磐井の乱」により糟屋屯倉が大和政権に献上されて、その支配が確立されていく。大和政権による九州支配や対外関係の拠点としての「大宰府」は、609（推古天皇17）年4月4日条に「筑紫大宰」が見られるが、「大宰府」以前の官衙の存在についても議論がある。博多は対外交渉・交易の中心である一方で侵攻の対象地ともなり、水城や元寇の防塁など関連遺跡が残る。鎌倉時代には、大宰府に鎮西奉行が置かれ、武藤（少弐）資頼が下向すると、代々世襲した。鎌倉中期には大友氏も鎮西奉行となり、両氏がモンゴル襲来の際に差配する。室町時代には、少弐氏が没落し、大内氏が守護となり筑前を領国化。戦国期には大内氏が毛利氏により滅亡し、大友氏が筑前を領国化した。豊臣秀吉による九州平定により、筑前一国は筑後2郡・肥前1郡半とともに小早川隆景が領した。

関ヶ原後、小早川秀秋は備前岡山に移封。豊前中津の黒田長政が筑前一国を与えられ、黒田氏は新たに城下町を建設し、出身地にちなんで福岡と名づけた。怡土郡には天領のほか中津藩、対馬藩領があった。また支藩と

凡例　史：国特別史跡・国史跡に指定されている遺跡

して、秋月藩、東蓮寺藩がある。1870年の廃藩置県後は、福岡県、秋月県が成立。1871年に、秋月県、天領、旧黒田氏領の飛地であった怡土郡（伊万里県・中津県・厳原県管地）も同時に合併され、現在の県域が確定した。

主な遺跡

椎木山遺跡

＊北九州市：響灘に向く低丘陵、標高20～25mに位置
時代 旧石器時代後期

1985年、県の職業訓練校建設に伴い調査が行われた。旧石器時代に帰属する竪穴住居跡が2軒検出されたことは特筆される。その他、貯蔵穴、土坑の存在が確認されている。1号住居跡は隅丸方形を呈し、約6.5×3.5m。柱4本と西南隅に小土坑があり、北側に炭化物と焼土が認められた。削器、礫器、剥片などが検出された。2号住居跡は変形五角形で、北東側に階段状の入口をもつ。柱穴や土坑は認められず、削器、剥片が出土している。ほかの遺構、遺物包含層からは、ナイフ形石器、削器、石錘、彫刻刀形石器、石核、剥片、敲石なども認められた。全国的に見ても旧石器時代の住居跡の発見は稀有であるが、近年その真偽について疑問が呈されており、さらなる検討が求められている。

門田遺跡

＊春日市：梶原川右岸、春日丘陵西端の中位段丘上、標高約30mに位置 時代 縄文時代草創期～中世

1972～75年に発掘調査が実施され、北台地と南台地、中間の谷地区からなる。台地上より旧石器時代の遺物包含層のほか、谷地区からは縄文時代草創期の爪形文土器が検出され、近接する柏田遺跡（春日市）の縄文時代後期中葉の竪穴住居跡や縦長剥片を利用した鏃、つまみ形石器、打製石斧、石錘などの検出例とともに、福岡平野における縄文時代を再検討するうえで注目されている。

なお、弥生時代中期前半の2列に並んだ甕棺墓群の存在や、中期後半中頃の土坑墓群に認められる大量のガラス玉の副葬、甕棺墓から検出された鉄戈、有樋鉄剣などが注目を集めている。またイチイガシの貯蔵穴や木製品も確認されている。近年の調査では、弥生時代中期の掘立柱建物の柱穴の可能性をもつ遺構や古墳時代、中世の掘立柱建物跡、製鉄炉跡なども確認されている。なお、現在は山陽新幹線車両基地が位置している。

山鹿貝塚

＊遠賀郡芦屋町：遠賀川右岸の河口近く、砂丘上、標高約10mに位置 時代 縄文時代前期～晩期

1962～68年にかけて3次の調査が実施された。縄文時代前期、中期、

後期の各時期の貝層が認められ、前期ではハマグリやイソシジミを主体とし、中期ではマガキ、オキシジミが増加し、後期ではマガキが主体となる。土器には瀬戸内系の文化との接触をうかがわせるものもある。また18体の埋葬人骨が検出され、男性8体、女性7体、乳幼児3体のうち、女性は装身具が多く認められ、特に2号人骨の女性は、サメ歯の耳飾、緑色の石材の大珠、鹿角製叉状垂飾品（ろっかくせいさじょうすいしょくひん）や貝輪を着装するなど、特別な位置にあったことをうかがわせる。

曲り田（まがりた）遺跡

＊糸島市：脊振山地から派生する低丘陵、標高10～15mに位置　**時代** 縄文時代晩期～弥生時代前期

1980～81年にかけて、県教育委員会によって発掘調査が行われた。縄文時代晩期の方形を呈する竪穴住居跡が30棟ほど発見され、弥生時代中期前半から後期後半の竪穴住居跡11棟も検出された。ほかに弥生時代前期の支石墓（しせきぼ）、甕棺墓などが発掘されている。遺物は縄文晩期の夜臼（ゆうす）式土器や炭化米、籾圧痕（もみあっこん）土器、大陸系の磨製石器群（ませいせっきぐん）、紡錘車（ぼうすいしゃ）のほか、紀元前4世紀の竪穴住居跡（16号住居跡）より、日本列島で最古級とされる鉄器が発見された。板状鉄斧の頭部で、鉄鉱石を素材とした鍛鉄（だんてつ）とされる。

昨今のAMS-14C年代測定法の進展で、弥生時代の「開始時期」が約500年さかのぼるとする見解が示されたことから、本遺跡の鉄器が中国大陸で使用された時期と変わらない紀元前10世紀のものとなり、弥生時代のAMS-14C年代測定法による成果の真偽が議論されることとなった。しかし近年、再検討のうえ、明確な出土位置が不明であることから、弥生前期とする評価はおおむね否定されている。現在、弥生時代前期の鉄器として確定しているのは、前田山（まえだやま）遺跡（行橋市）と山の神（やまのかみ）遺跡（山口県下関市）のもので、前期末の土器などとともに検出されている。

縄文晩期の遺物の様相をもちつつ、水田稲作文化の要素を示す遺物が認められるほか、『魏志（ぎし）』「倭人伝」にいう「末盧国（まつらこく）」と「伊都国（いとこく）」の境界にあたると考えられており、朝鮮半島との関わりや弥生文化への移行期をとらえるうえで重要な遺跡である。現在公園として整備されている。

四箇（しか）遺跡

＊福岡市：早良平野の室見川右岸の微高地、標高約22mに位置
時代 縄文時代～古墳時代

1974～77年にかけて、団地建設などに伴い発掘調査が実施された。早良平野内の微高地にあたり、縄文後期の竪穴住居跡が検出されたほか、弥生時代前期後半から中期中葉にかけての住居跡や甕棺墓、石棺、溝状遺構などが検出された。縄文時代の遺物は、泥炭層から出土した木製品や漆器

類、マメ・ヒョウタンなどの栽培植物の種子などがあり、当時の生産技術などを再考させるものとなった。なお、近接する吉武遺跡群は弥生時代の大規模な墓地群で、吉武高木遺跡からは鏡や銅剣など「王墓」的な副葬品をもつ墓も認められている。

下稗田遺跡

＊行橋市：長狭川西岸の丘陵と谷部、標高約30mに位置
時代 縄文時代晩期〜弥生時代前期

1979〜84年に宅地開発に伴い発掘調査が実施され、弥生時代前期から中期を主体とする150棟以上の竪穴住居跡や2,000基近い袋状竪穴遺構などが検出された。土坑墓や石棺墓、甕棺墓なども多数検出され、その他弥生後期の竪穴住居跡70棟以上や方形周溝墓、古墳時代後期の竪穴住居跡80棟や円墳1基など、西日本でも有数の長期にわたり使用された大規模集落であったことがうかがわれる。木製農耕具や杭、矢板囲なども検出されており、痕跡はないものの水田稲作が営まれていたと推定される。

南西側の丘陵に隣接する前田山遺跡（行橋市）も弥生時代の集落跡とともに土坑墓などの墳墓群を有し、古墳時代の横穴墓100基以上が検出されている。前田山遺跡の南西4kmには竹並横穴墓群（行橋市）があり、5世紀から8世紀にかけての1,000基を超える県内最大級の横穴墓群が検出されるほか、畿内型の前期前方後円墳、石塚山古墳もあり、これらの遺跡は当該地域が中心的な位置を占めていたことを示唆している。

須玖岡本遺跡

＊春日市：那賀川右岸の須玖丘陵、標高約30mに位置
時代 弥生時代　史

1899年に住宅建設に際して、花崗岩の巨石下より甕棺墓が発見され、棺の内外より、前漢鏡30面以上、細形・中細形銅剣、銅戈、銅矛、ガラス璧、ガラス勾玉、管玉などの副葬品も認められ、学界に知られるようになった。1929年に、京都大学による調査が行われ、11基の甕棺墓が発見されるとともに、細形銅剣1本を検出した。戦後は数度にわたる調査が実施され、甕棺墓群50基近くが検出されており、ガラス小玉を多数副葬する甕棺墓も確認されている。

春日丘陵一帯からは、多くの甕棺墓が検出されているが、副葬品を有する甕棺墓は本遺跡に集中している。また本遺跡の南に位置する、岡本町4丁目遺跡（春日市）からは、弥生時代中期前半から後期初頭の甕棺墓群130基以上、竪穴住居跡のほか祭祀関連遺構や小銅鐸の片麻岩製鋳型が出土している。加えて、須玖岡本遺跡から北に位置する須玖永田遺跡（春日市）からは、溝に囲まれた掘立柱建物跡が確認され、石製の鋳型、銅矛の

中子、るつぼなどが多量に発見され、弥生時代後期から末期にかけての青銅器の製作工房であったことをうかがわせる。特に小型仿製鏡の石製鋳型は全国的にも貴重である。

こうした事例以外でも須玖岡本遺跡一帯には青銅器製作の痕跡を示す遺構や青銅器の出土が多数認められており、全国的にも最大級の規模とされる。そうした様相から、本遺跡周辺は『後漢書』「東夷伝」に記される、西暦57（建武中元2）年、後漢の光武帝より「漢委奴国王」の金印を与えられた「奴国」の中心的な位置にあったと考えられており、本遺跡も奴国の「王墓」群として評価されている。なお「漢委奴国王」の金印が1784（天明4）年に農夫により発見された、志賀島叶崎遺跡（福岡市）は1973年に発掘調査が行われ、自然の沢と思われる溝が検出され、弥生土器や須恵器などが認められたが、特に人為的な遺構は検出されなかった。

板付遺跡

＊福岡市：御笠川と諸岡川に狭まれた台地、標高約12m付近に位置　時代 弥生時代前期　史

江戸時代より銅矛の発見などで知られ、大正時代には甕棺とともに細形銅剣や銅矛も認められるなど、遺跡の存在が知られていた。戦後、1961年に日本考古学協会などにより発掘調査が実施されて以降、断続的に調査が行われている。台地上に幅2～4m、深さ約2～3mの断面V字形を呈する環溝が、東西約80m、南北約110mにわたり楕円形に構築されていることが確認された。遺構の主体は弥生時代であるが、旧石器、縄文時代や後続する古墳～中世の遺構も認められた複合遺跡である。

環溝の内外には、竪穴住居跡や貯蔵穴が多数認められている。土器は、夜臼式のほか、弥生前期の板付式の標識遺跡としても知られる。台地の低位段丘上には、旧諸岡川から水路が引き込まれ、井堰が設置されるなど、水利技術の一端がわかる。また、畦畔で囲まれた水田も発見され、人の足跡も検出された。弥生前期以前の水田がさらに下層より認められており、日本列島でも早い時期に水田稲作が開始されたことを示唆している。弥生時代前期末には、北部九州でも有数の集落に発展していたと考えられ、北方の板付北小学校や南側の台地にも集落が広がっていたことが、貯蔵穴群や墓地からうかがわれる。本遺跡は水田稲作農耕の開始期における諸問題を提起するとともに、弥生時代の生活や社会を解明するうえで、集落、墓地、水田を一体としてとらえうる遺跡として注目を集めている。

立岩遺跡群

＊飯塚市：嘉穂盆地を流れる遠賀川右岸の独立丘陵、標高約50mに位置　時代 弥生時代前期～中期

1934年に中山平次郎によって石庖丁製作跡として紹介されて以後、10カ所以上の遺跡が発見され、調査が継続して行われている。遺構としては貯蔵穴と考えられる袋状竪穴群が各所で見つかっているほか、1963年に調査が行われた堀田遺跡では、甕棺墓が40基以上認められている。棺内からは前漢鏡や鉄戈、鉄剣、銅矛、ガラス管玉、貝輪などの副葬品も多数検出された。石蓋の単棺で大型の棺は、「立岩型」とも呼ばれ、当該地域の中心的な立場にある集団の墓域であると考えられている。焼ノ正、下ノ方遺跡は、石庖丁が多数出土し、製作工程のわかる未製品の数も多く、石庖丁製作跡と考えられている。石庖丁などの石材は立岩丘陵の西北、笠置山に露頭するアズキ色を呈する輝緑凝灰岩を利用したものと考えられ、この石材の石庖丁が県内はもとより、九州各地でも検出されており、当時の地域的なつながりをとらえるうえで貴重な遺跡であるといえよう。

志登支石墓群

＊前原市：瑞梅川と池田川に挟まれた微高地上、標高約6mに位置　時代 弥生時代前期　史

1963年に文化財保護委員会が発掘を実施し、10基の支石墓のうち、4基の支石墓と8基の甕棺墓を調査した。支石墓は玄武岩あるいは花崗岩の平石と1～3個の支石を用いて構築され、下部構造は石敷き、石囲い、土坑などの形態からなる。打製石鏃や朝鮮半島との交流をうかがわせる柳葉形の磨製石鏃が検出され、弥生時代前期の構築と推定されている。甕棺墓は縄文時代終末期から弥生時代中期にかけてのもので、北部九州における弥生時代の墓制を考えるうえで重要な遺跡である。

本遺跡の南、約3kmの舌状台地上に位置する平原遺跡（前原市）は周溝墓群で、中心となる18×14mの方形周溝墓では、棺内からガラス勾玉、管玉、連玉、小玉、メノウ管玉、琥珀丸玉などのほか、棺外から素環頭大刀、刀子、径46.5cmの日本最大級の内行花文鏡のほか方格規矩鏡などの破片が多数検出された。単独葬の方形周溝墓としては、九州最古級であり、『魏志』「倭人伝」に登場する「伊都国」に関わる遺跡として注目される。

岩戸山古墳

＊八女市：八女丘陵の中央部、標高約45mに位置
時代 古墳時代中期　史

いわゆる八女古墳群のなかの中心的存在であり、北部九州では最大級の前方後円墳である。墳丘長132m、空濠と外堤を有し、総全長は約180m近くにもなる。前方部幅95m、後円部径70m、高さ13.5mを測る。2段築成からなり、主体部は本格的な調査は行われていない。墳丘には円筒埴輪がめぐるほか、いわゆる「石人」「石馬（馬・鶏・水鳥・靫・盾・刀など）」

が多数認められ、全国的にも特異な様相を呈する。この様相は、『筑紫国風土記』の逸文に記載された「筑紫君磐井」の墳墓に関する描写と一致し、磐井氏が大和政権に反逆し、討伐された記載とも重なることから、被葬者の特定できるきわめて貴重な古墳である。

王塚古墳

＊嘉穂郡桂川町：遠賀川上流、穂波川右岸の台地、標高約34mに位置　時代 古墳時代後期　史

1934年、採炭で陥没した水田復旧のための土取り工事に際して、横穴式石室の一部が露呈し、発見された。墳形は前方後円墳であり、墳丘長は約78mと推定され、周囲に空壕と外堤がめぐる。横穴式石室の長さは4.3m、幅3.1m、高さ3.8mを測る。羨道が約4mあり、全長は8mを測る。遠賀川流域では最大級の規模で、石室の壁画は特筆される。床と羨道部以外の石室全面が赤色に塗られ、石室下半に赤・黄・緑・黒・白の5色で三角文を基調とした幾何学装飾文様が描かれ、玄門に近い側壁には靫、楯、太刀が、玄門左右の袖井石には人物の騎乗する赤・黒馬、左右隔障の前面、灯明台には双脚輪状文、そして文様間を埋める蕨手文が描かれる。石室上半には黄色粘土による珠点文が施される。二体併床かつ未盗掘であったため副葬品は豊富であり、神獣鏡、太刀、槍、刀子、鏃、挂甲小札、轡、杏葉、雲珠、辻金具、管玉、棗玉、切子玉、丸玉、小玉、金環、銀鈴などが検出された。6世紀中葉の築造と推定される。国特別史跡。

沖ノ島祭祀遺跡

＊宗像市：玄界灘の沖、宗像海岸より約57kmの島内に点在　時代 古墳時代～平安時代

1954年の宗像神社復興期成会よる発掘調査を契機として、断続的な調査が行われ、標高約80mに位置する沖津宮の社殿裏の巨石群一帯に祭祀に伴う遺構が点在している。おおむね3期に分けてとらえられており、Ⅰ期は巨石群の岩上での祭祀が想定され、多数の銅鏡や石製品、武器、工具類などが認められ、4世紀末から5世紀前半とされる。Ⅱ期は岩陰での祭祀が想定され、新羅など朝鮮半島からもたらされた金銅製品を多く含み、5世紀後半～6世紀に行われていたと考えられている。Ⅲ期は露天での祭祀が想定され、須恵器、土師器など土器を中心とし、奈良三彩の陶器も認められる。皇朝十二銭のうち「富壽神寳（818年鋳造）」も認められるが、この頃には祭祀場としての意義が失われていたものと考えられる。

遺物の総計は12万点に及び、神域として人の出入りがほとんどなかったことから、遺物が手付かずで残存しており、「海の正倉院」の異名をもつ。現在でも宗像神社の沖津宮が祭られており、海上交通の祈願を行い、日本

の海上祭神の原点とも評価される遺跡である。2017年世界文化遺産の構成資産となった。

宮地嶽古墳（みやじだけ）

＊福津市：宮地嶽の中腹、標高約45mに位置
時代 古墳時代後期

国内でも有数の石室を有する円墳。径34m、東向きに開口した横穴式石室の全長は22mで、見瀬丸山（みせまるやま）古墳（奈良県橿原市）に次ぐ規模である。江戸時代に風災害で開口し、宮地嶽神社境内の奥之宮不動神社として不動尊が石室内に祀られてきた。1934年、石室周辺より金銅製の壺鐙（つぼあぶみ）、鞍橋覆輪金具（くらぼねおおいわかなぐ）、杏葉（ぎょうよう）などの馬具類や頭椎大刀（かぶつちのたち）、銅碗（かなまり）、ガラス板、ガラス丸玉、須恵器などが発見された。1951年には羨道から離れた場所で、金銅製透彫竜文冠（こんどうせいすかしぼりりゅうもんかんむり）の破片が発見されている。また、本古墳の入口前方の丘陵からは、ガラス製の小壺を収めた青銅製の骨蔵器が発見されており、本古墳の副葬品の多様さもあって、その被葬者が誰であるか注目されている。宗像氏の一族に関わるとする評価が有力である。

水城（みずき）

＊大野城市：四王寺山地と台地に挟まれた部分、標高約25mに位置
時代 飛鳥時代 史

1930年に調査がなされた後、1972年、75年に県教育委員会により本格的な発掘調査が行われ、全長1.2km、高さ13m、基底部の幅80mの土塁の構造や、前面（博多側）に構築された幅60mほどの濠の存在が明らかになるとともに、濠へ導水したと考えられる木樋が検出された。国特別史跡となっている。水城の中央を流れる御笠川をせき止めて内側に水を貯める意図があったかは不明であるが、大宰府防衛のために築かれた大堤といえる。白村江の敗戦の後、664年に築かれたと考えられている。

その翌年、水城の北東約2kmの四王寺山地の標高410mの山塊に築かれた大野城（太宰府市・大野城市・宇美町）は、日本最大級の山城跡であり、基肄城（きいじょう）（筑紫野市・佐賀県三養基郡基山町）とともに百済（くだら）の技術により構築された「朝鮮式山城」である。城域は四王寺山全体に及び、馬蹄形の稜線上に土塁をめぐらせるとともに、200m近い石垣も築かれている。城門は4カ所あり、中心の盆地に約70棟の掘立柱建物群が確認されていることから、相当数の籠城兵員が想定され、日本では稀有の山城跡である。

大宰府（だざいふ）

＊太宰府市：四王寺山の南側山麓、標高約30～45mの平地に位置
時代 奈良時代～平安時代 史

江戸時代より礎石跡の存在が知られ、1922年に国史跡、1953年には国特別史跡に指定されている。1968年以降、断続的に発掘調査が続けられ

ている。3つの時期に区分され、第Ⅰ期は掘立柱建物跡が認められるものの、建物配置は明瞭ではない。第Ⅱ・Ⅲ期は、東西110m、南北211mの範囲に中心政庁である朝堂院形式の建物が配置され、礎石瓦葺建物であった。正史上では建物群に関する記事はないが、正殿と中門の間の回廊で囲まれた部分が朝集殿であり、正殿後方の建物が内裏に相当する施設であったと考えられている。Ⅱ期の遺構面には焼土層が一面に確認され、941（天慶4）年の藤原純友による大宰府放火の痕跡と評価されている。

政庁西側の台地部分には、20個以上の礎石が現存しており、福岡藩による1820（文政3）年調査では130個以上存在していた記録が残る。3×9間の建物跡であり、大規模な役所群の存在も想定される。中央政庁の範囲は、東西7町、南北4町に及び、南側中央に突出した部分があるほか、西側からは掘立柱建物群が検出され、官人層の住居群であったと考えられている。政庁の範囲からは、1,000点以上の木簡が検出され、「掩美嶋（奄美諸島）」の付札も認められ、西南日本の中心であったことがうかがわれる。

これら政庁の前面、南側に中央大路を軸として、左右に東西12坊、南北22坊の条坊制による都市が広がっていた。1坊は1町四方（109m）で、これまでの発掘調査では側溝や道路遺構の一部が検出されている。これらの官衙関連の瓦類を製作した国分瓦窯跡（太宰府市）が政庁跡の北西、筑前国分寺跡（太宰府市）の北に位置し、アーチ状に日干しレンガを積み、スサ入りの粘土で仕上げた特殊構造の登窯の様相が明らかとなっている。

鴻臚館跡

＊福岡市：樋井川右岸、福崎丘陵の先端、標高約10mに位置
時代 奈良時代前期～平安時代中期　史

1987年より平和台球場改修工事に伴う発掘調査によって、対外的な応接施設である「鴻臚館」の関連遺構が発見された。現在までに、奈良時代以前の塀や門の遺構、また奈良時代の塀や掘立柱建物跡、また平安時代の大型礎石建物や土坑、溝などである。『日本書紀』の688（持統2）年に、新羅国使全霜林を「筑紫館」で応接した記事があり、平安時代以降「鴻臚館」の名称が登場することから、それぞれの時代に対応した遺構と考えられている。遺物としては、多量の瓦類や土師器などのほか、中国越州窯青磁をはじめ長沙窯磁器、荊窯白磁、イスラム陶器、西アジアガラス器など海外よりもたらされた遺物が数多く検出されている。おおむね9世紀前半までは、唐や新羅の使節を接待・宿泊させる迎賓館であり、遣唐使や遣新羅使が大陸へ渡る支度を整える対外公館であったといえる。1995年には福岡城跡である舞鶴公園内に鴻臚館展示館が完成した。

元寇防塁跡（げんこうぼうるいあと）

＊福岡市：博多湾沿岸の海岸の砂丘、標高約5mに点在
時代 鎌倉時代後期　史

1913年に中山平次郎（なかやまへいじろう）が学界に紹介し、同年7月、福岡日日新聞主催の史蹟現地講演会により今津地区に現存した防塁などの発掘調査が実施された。石材や構築技術について初めて明らかとなり、以降断続的に調査が行われてきた。1968年に本格的な発掘調査が行われ、石積みや基礎の構造が明確になるとともに玄武岩や花崗岩を主体とする石材産地の比定が進められ、地区による技術の違いも明らかとなった。この発掘調査は、文献史料による研究から指摘されてきた、総距離数約20kmに及ぶ「石築地（いしついじ）（防塁）」を半年から1年という短期間で構築するための具体的な方法についても新たな知見を得るとともに、その保存の必要性を提起し、その後の保存対策を進めていくための契機ともなった。

博多（はかた）遺跡群

＊福岡市：那珂川と石堂川の沖積作用による砂丘、標高約10mに点在　時代 平安時代後期〜江戸時代

1976年以降の市営地下鉄建設に伴う発掘調査により関心を集め、現在まで断続的に調査が行われている。弥生時代以降から近世までの遺構が多数検出されているが、特に平安時代末以降の「博多津」における対外交易の中継地としての発展を示す遺構や遺物が発掘されている。博多の初出は、『続日本紀（しょくにほんぎ）』759（天平宝字3）年3月24日条に見える「博多津大津」である。1157年には平清盛（たいらのきよもり）が大宰大弐（だざいのだいに）となり、本格的な開発が進むとともに「袖の湊（そでのみなと）」を築き、宋人百堂（そうじんひゃくどう）と呼ばれる墓地や大唐街（だいとうがい）と呼ばれる居留地が造成された。遺物には中国龍泉窯（ちゅうごくりゅうせんよう）や同安窯（どうあんよう）の青磁をはじめとして、貿易陶磁器類が大量に出土しており、当時の対外交易の様相を如実に示している。清盛の開発以前の11世紀後半と考えられる1万点に及ぶ大量の白磁片が検出されるなど、定説よりも開発時期は早かったとの評価もされている。また宋銭や木簡、墨書の認められる陶磁器類、獣骨、魚骨類、木製品や土製品といった日常生活に伴う廃棄物や馬の埋葬遺構なども出土している。

16世紀以降は、堺とともに対外貿易の中継都市として栄え、宣教師のルイス・フロイスによる『日本史』には、商人による自治都市であった博多の繁栄が記される。なお、戦国期の戦火により街区の多くが焼失したが、豊臣秀吉による「太閤町割（たいこうまちわり）」によって復興し、黒田氏による新たな城下町福岡とともに、商業の拠点として繁栄する。そうした街区変化も遺構の様相から読み取ることができる。2017年には、青・白磁3,000点以上で構成される「福岡県博多遺跡群出土品」が国重要文化財に指定された。

国宝／重要文化財

内行花文鏡

地域の特性

九州地方の北部に位置し、北側は玄界灘、響灘、周防灘に、南西側は有明海に面している。中央に中国山地の延長部に当たる筑紫山地が広がり、筑紫山地はさらに、東から西へ企救山地、貫山地、福智山地、三郡山地、脊振山地、南に耳納山地、筑肥山地など多数の地塊に分裂している。山地間に谷や盆地、平野が数多く介在して、平地面積は広い。筑後川流域に筑紫平野（福岡県側は筑後平野）、博多湾にのぞむ半月形の福岡平野、遠賀川流域に直方平野、周防灘の海岸に豊前平野が広がっている。県北西部の福岡平野では広域中心都市が形成され、九州全域の政治・経済・文化の中核であるとともに、本州との玄関口、朝鮮半島や中国大陸との門戸でもある。県北部の北九州地域では、官営八幡製鉄所の開業などで急速に近代工業化が進展した。県央部の遠賀川流域の筑豊地域は、日本最大の炭鉱地帯だったが、石炭産業の急速な衰退とともに、人口流出が著しい。県南西部の筑後平野は九州で有数の穀倉地帯で、また有明海ではノリ養殖が盛んである。

古くから大陸と接し、最も早く稲作が導入されて、全国へと広がっていった。稲作を基盤とする小国家が多数出現し、さらには古代国家形成へと進んだ。大和王権が確立されると、九州制圧と大陸交易を管轄する太宰府が設置された。平安時代末期以降の日宋貿易で博多は繁栄し、元寇の時には、かろうじて元・高麗軍を退けた。室町時代には山口の山内氏が勢力を伸ばしたが、戦国時代には諸大名による争乱が続いた。荒廃した博多を復興したのは豊臣秀吉だった。江戸時代には黒田氏の福岡藩52万石、有馬氏の久留米藩21万石、小笠原氏の小倉藩15万石のほか、中小藩が置かれて計八つの藩があった。明治維新の廃藩置県で各藩に県が置かれた後、周辺諸県と統廃合を繰り返して、1876年に現在の福岡県ができた。

凡例　◉：国宝、◎：重要文化財

国宝/重要文化財の特色

美術工芸品の国宝は12件、重要文化財は152件である。旧福岡藩主黒田氏伝来の美術品と刀剣が、福岡市博物館と福岡市美術館に寄贈もしくは寄託され、その中に国宝/重要文化財が多く含まれている。また近代に収集された電力実業家松永安左衛門のコレクションも、福岡市美術館に寄贈され、収蔵・展示されている。太宰府に隣接し、日本三戒壇の一つとして戒壇院が置かれた観世音寺に、多数の重要文化財の仏像が安置されている。玄界灘の孤島沖ノ島は航海の守護神として祀られ、かつて奉納されたさまざまな物品が国宝となった。建造物の国宝はなく、重要文化財は39件である。

◉金印　福岡市の福岡市博物館で収蔵・展示。弥生時代後期の考古資料。印面が方形をした金製の印で、1辺の長さ2.35cm、高さ2.25cm、重さ108gである。印文には「漢委奴国王」とあり、中国の史書『後漢書』の記録から、光武帝（前6～後57年）が57年に倭の奴国王に賜った金印と考えられている。方形の印台の上に、蛇身が巻き頭を上にした紐を付ける。蛇身には鱗を表現するかのように、魚々子という極小の円形文様が多数印刻されている。紙が普及する以前、文書には竹簡や木簡を綴じ合わせたものが使用され、そして文書や荷物の発送には、梱包した紐の結び目に検と呼ばれる板をくくり付け、粘土塊で封をして、身分や名前を記した印章を押して封印した。金印は、そのような時に使用される印章だった。「委」は、一般に使われていた「倭」（やまと）の通字で日本を意味し、「奴」の国とは、現在の福岡市や春日市の一帯にあった小国家と推測されている。弥生時代の日本の状況および外交を示す貴重な資料である。金印は博多湾先端に位置する志賀島で1784年に見つかり、発見当時の様子を記述した百姓甚兵衛の口上書とともに藩に届けられ、長らく黒田氏に伝わった。

◉平原方形周溝墓出土品　糸島市の伊都国歴史博物館で収蔵・展示。弥生時代後期の考古資料。平原遺跡は玄界灘を遠望する曽根丘陵上に位置し、ミカン植樹に伴って遺跡が発見され、1965年に調査された。弥生時代から古墳時代の、溝で区画された周溝墓が5基確認され、なかでも1号墓は、大量の銅鏡が出土したことから、中国の史書『魏志倭人伝』に記述された伊都国の王墓と推測されている。1

号墓は東西長さ14m、南北長さ10mの長方形の墳丘に、周りを周溝が取り囲む。墳丘中央に東西長さ4.6m、南北長さ3.5mの主体部があり、中に割竹形木棺を納めた痕跡があった。棺内にはガラスや瑪瑙製の装身具が多数副葬され、女性の使用するピアスのような耳飾りである耳璫もあったため、被葬者は女性と考えられている。主体部の四隅と棺の足元付近に、40面の銅鏡が破砕されて埋納されていた。1号墓から出土したこれらの副葬品が国宝となった。銅鏡は3種類あり、方格規矩鏡32面、内行花文鏡7面、四螭鏡1面である。内行花文鏡には直径46.5cmの国内最大の鏡が5面も含まれていた。巨大な鏡を含む、他を圧倒する数量の鏡の出土はきわめて特殊で、重要な歴史資料である。

◉宗像大社沖津宮祭祀遺跡出土品

宗像市の宗像大社の所蔵。古墳時代から平安時代の考古資料。玄界灘の孤島である沖ノ島は、北部九州沿岸と対馬とのほぼ中間に位置し、朝鮮半島につながる主要航路で必須の指標になったと考えられている。島の南端に宗像大社の沖津宮が鎮座し、社殿背後の巨岩群を中心に、4世紀後半から9世紀まで約500年間にわたって祭祀が行われた。1954～71年に調査が実施され、調査で出土した遺物と、同遺跡出土として収納されていた伝来品が国宝となった。23か所の祭祀遺跡が確認され、4世紀後半～5世紀の岩上祭祀、5世紀後半～7世紀の岩陰祭祀、7世紀後半～8世紀前半の半岩陰・半露天祭祀、8世紀～9世紀の露天祭祀へと変化したことが判明している。つまり巨岩を神の依代とみなして巨岩上で祭祀が始まってから、岩陰へ、さらに巨岩から離れて平坦地で祭祀が行われるようになったのである。出土品の特徴も段階を追って、大型古墳の副葬品と類似した多数の鏡、金製指輪や後期古墳の副葬品と類似した滑石製の祭祀用模造品、東西交渉を連想させる唐三彩長頸瓶と金銅製龍頭、日本でつくられた奈良三彩小壺と皇朝銭の富寿神宝へと変化した。大和王権を背景に連綿と続いた渡航安全祈願の祭祀は、遣唐使廃止と同じ頃に衰退していった。

◉梵鐘（観世音寺）

太宰府市の観世音寺の所蔵。奈良時代の工芸品。高さ160cmの銅鋳製の梵鐘で、口径に比べて鐘身が高く、胴の張りが少なく長身である。上端の鐘を吊り下げる部分に、双頭の竜頭が大きく口を開けている。鐘身の上部に宝珠形の乳を4段7列に並べた乳の間があり、胴には、横に中帯、縦に縦帯を交差させる袈裟襷の文様がある。交差させた部分に、撞木で撞くための12弁蓮花文の撞座がある。高い位置に撞座があり、古い様相を示している。鐘身の大きさ、袈裟襷の構成、乳や撞座の形状が京都府妙心寺の梵鐘◉とほとんど同じで、両者は同じ原型でほぼ同時期に制作されたと推測されている。妙心寺の梵鐘には銘文が鋳出されていて、698年に糟屋評（福岡県糟屋郡）で制作されたと記されている。観世音寺は天智天皇が発願して746年に完成した。梵鐘は創建当時のものだろう。

◎筥崎宮本殿　福岡市にある。室町時代後期の神社。筥崎宮は、もともと八幡大菩薩を祀って筥崎八幡宮といわれ、大分県宇佐八幡宮、京都府石清水八幡宮と関係が深く、三社あわせて三大八幡宮と称した。神仏習合により神宮寺が創建され、多宝塔も建っていた。1274年の蒙古襲来の文永の役をはじめ、たびたび社殿・堂宇が焼失した。現在の本殿◎と拝殿◎は1546年に大内義隆が建立し、隣接する楼門◎は1594年に小早川隆景が建立した。本殿は3間社流造を3棟横に接して並べた横長の9間社流造である。母屋は正面9間、側面2間で、前面に側面1間の庇とさらにもう1間の孫庇が付く。拝殿は本殿の前にあり、縦長で桁行1間、梁間4間、切妻造の妻入りである。拝殿の前にある2階建の楼門は、3間1戸の入母屋造である。正面の柱間に比べて棟が高く、屋根も大きく広がって、豪壮な印象を受ける。

◉三池炭鉱宮原坑施設　大牟田市にある。明治時代の鉱業施設。日本最大の炭鉱だった三池炭鉱の坑口の一つである。三池炭鉱が発見されたのは1469年で、江戸時代には三池藩と柳川藩に属していた。1873年に政府官営となり、諸設備を整備して近代的な大規模炭鉱となった。また労働力確保と賃金抑制のため、三池集治監を1883年に設置して囚人を炭鉱で働かせた。1892年に炭鉱は三井鉱山会社に払い下げられた。宮原坑は、1898年に完成した深さ150mの第1竪坑と、1901年に完成した深さ156.9mの第2竪坑からなり、第1竪坑は揚炭・入気・排水を主とし、第2竪坑は人員昇降を主にして、排気・排水・揚炭を兼ねた。宮原坑は年間40～50万tを出炭する主力坑となったが、囚人たちからは「修羅坑」と呼ばれ恐れられた。1931年に宮原坑は閉坑となり、同年囚人労働も禁止された。木造の第1竪坑は残っていないが、第2竪坑の高さ22.05mの鋼鉄製櫓や、赤レンガ造2階建の巻揚機室などが残っている。炭鉱労働の過酷な実態は、世界記憶遺産となった田川市石炭・歴史博物館所蔵の山本作兵衛の作品に詳しく描かれている。

☞そのほかの主な国宝／重要文化財一覧

	時代	種別	名称	保管・所有
1	弥　生	考古資料	◎立岩遺跡堀田甕棺群出土品	飯塚市歴史民俗資料館
2	古　墳	考古資料	◎石盾／石人（八女市岩戸山古墳）	八女市岩戸山歴史文化交流館
3	飛　鳥	彫　刻	◎銅造菩薩半跏像	福岡市美術館
4	平　安	彫　刻	◎木造十一面観音立像	観世音寺
5	平　安	典　籍	◉翰苑巻第卅	太宰府天満宮
6	平　安	古文書	◉誓願寺盂蘭盆縁起（栄西筆）	誓願寺
7	平　安	考古資料	◉銅板法華経	国玉神社
8	平　安	梵　鐘	◉西光寺梵鐘	西光寺
9	鎌　倉	彫　刻	◎木造釈迦如来及両脇侍像	承天寺
10	鎌　倉	古文書	◎大友家文書	柳川古文書館
11	南北朝	絵　画	◎絹本著色玉垂宮縁起	玉垂宮
12	桃　山	絵　画	◎紙本著色泰西風俗図	福岡市美術館
13	桃　山	工芸品	◎花鳥蒔絵螺鈿聖龕	九州国立博物館
14	中国／南宋	絵　画	◎絹本著色大鑑禅師像	聖福寺
15	朝鮮／高麗	工芸品	◎鍍金鐘	志賀海神社
16	平安中期	石　塔	◎多宝千仏石幢	九州国立博物館
17	鎌倉後期	寺　院	◎普門院本堂	普門院
18	鎌倉後期	石　塔	◎七重塔	桜町区
19	桃　山	神　社	◎太宰府天満宮本殿	太宰府天満宮
20	江戸前期～後期	寺　院	◎善導寺	善導寺
21	江戸中期	民　家	◎横大路家住宅（粕屋郡新宮町）	―
22	江戸中期	石　橋	◎早鐘眼鏡橋	大牟田市
23	江戸後期	神　社	◎香椎宮本殿	香椎宮
24	明　治	文化施設	◎旧福岡県公会堂貴賓館	福岡県
25	明　治	住　居	◎旧松本家住宅（北九州市戸畑区一枝）	西日本工業倶楽部
26	大　正	交　通	◎門司港駅（旧門司駅）本屋	九州旅客鉄道株式会社

城郭

福岡城多聞櫓

地域の特色

福岡県は筑前国・筑後国・豊前国からなる。筑前国には古代から日本の玄関口であった博多があり、西海道諸国と諸島を治世する大宰府が置かれていた。また、飛鳥・奈良・平安時代に来朝する外国使節を饗応する客館があり、平安京・難波・大宰府に設置された。大宰府では7世紀末から11世紀中頃まで迎賓用として利用されていたという。筑紫館と称され、のちに鴻臚館と改称された。福岡城跡の北側（福岡市中央区城内）にあった。大宰府を守備するため、水城・大野城・基肄城が築かれていた。さらに筑前・筑後には神籠石式山城が女山・鹿毛馬・御所ヶ谷・杷木などで築かれている。8世紀には怡土城が築かれた。古代城郭研究に欠かせない地域なのである。

鎌倉期になると、鎌倉幕府は坂東武士の庶子や一族を鎮西御家人として九州に配した。鎮西奉行少弐氏（武藤氏）有智山城はその好例である。鎌倉末期には、中世築城史上唯一の国家事業である博多湾に石築地を築き蒙古襲来に備えた。これが元寇防塁（生の松原地区）である。また、幕府が派遣した鎮西御家人がいた城郭の代表例に少弐氏の、秋月氏の古処山城、宇都宮氏の花尾城がある。

室町期から戦国時代にかけて少弐・大友・大内氏をはじめ国人領主の城として香春岳城、岩屋城、立花山城などが著名である。

慶長5（1600）年、筑前・筑後・豊前の大名配置も大きく変った。中津には小早川氏に替わり黒田長政が入り、長政は新たに福崎の地に福岡城と城下町を経営。福岡は以降、西日本有数の都市となる。豊前には細川忠興が入国、小倉城を本拠に支配を確立。細川氏・小笠原氏も小倉城を拠点とした。筑後は田中吉政が柳川城を拠点としたが改易。その後有馬氏が久留米、立花氏が柳川を居城とした。一国一城令後、支藩に支城はできず、陣屋が設けられた。幕末には海岸を有する藩では砲台場が築かれた。

主な城

秋月城（あきづき）

別名 秋月陣屋　所在 朝倉市野鳥　遺構 長屋門（現存）、黒門（現存）、石垣、堀

秋月城は建仁3（1203）年、原田種雄が古処山（標高860m）に築城、秋月氏を称して代々の居城とした。南北朝から戦国時代の秋月氏は、少弐、大内、大友氏といった大勢力の狭間で家の存続を図っていた。天正6（1578）年、大友氏が島津氏に耳川合戦で大敗すると、秋月種実は島津氏に近づき、大友領を侵食して秋月氏最大版図（はんと）（領土）を手にする。同15（1587）年の豊臣秀吉の九州平定で、支城岩石城の落城の様子をみた種実は降伏。平定後種実は日向櫛間3万石へ転封となり、秋月城は廃城となった。

城は比高でも750mはある岩山で、山頂および西と南に延びる尾根筋に曲輪が造られた。点在する遺構のうち、数か所に畝状竪堀群が見所である。

元和9（1623）年、黒田尚興は福岡城主黒田直之から5万石を分封され、古処山城南西麓の秋月氏の居館跡に陣屋を構え、12代続き明治を迎えた。石垣・堀と長屋門が陣屋跡に、黒門が垂裕神社に移築、現存する。陣屋町は旧藩時代の面影を残し、国重要伝統的建築群保存地区に選定されている。

怡土城（いと）

所在 糸島市高来寺・大門・高祖　遺構 土塁、石垣、城門、水門
史跡 国指定史跡

怡土城は福岡湾から約3km、糸島半島の基部にある高祖山（標高416m）西斜面一帯に築かれた古代山城である。怡土城とほかの古代山城との大きな違いは三つ。第一に国の歴史書に築城の担当者と期間が明記されていること。怡土城は『続日本紀』に吉備真備のち佐伯今毛人によって、天平宝字8（756）年6月から神護景雲（768）年2月までの約12年間で築かれたことが記されている。第二は築城年代。古代山城のほとんどが白村江での敗戦直後の天智天皇の時代に集中しているが、怡土城はその約100年のち、奈良時代に築かれた。第三は築城法。多くは主に百済からの渡来人の技術を取り入れた朝鮮式山城であるが、怡土城は山の一角を麓から山頂までを囲い込む中国式山城の技法で築かれている。これは2度の遣唐使を経験した吉備真備が築城に携わったためと考えられている。

遺構としては、8か所の望楼跡や山裾に2kmに及ぶ土塁が確認できるが、城内の施設については不明である。

怡土城跡は、のちに高祖城としても利用された。建長元（1249）年に原田種継によって築かれ、天正14（1586）年まで原田氏が続いた。高祖山頂に上之城と下之城と呼ばれる二つの曲輪群と南東尾根の曲輪群がある。曲輪側面には石垣、北斜面には畝状竪堀がある。

岩屋城（いわや）

所在 太宰府市観世音寺　遺構 土塁、堀切

「嗚呼壮烈　岩屋城址」の石碑が本丸跡に立つ。天正14（1586）年九州制覇を目論見て北上する3万とも5万ともいわれる島津勢を食い止め、豊臣秀吉からの援軍到着の時間稼ぎをするため、わずか数百の兵で半月の籠城戦の末、家臣共々全滅した高橋紹運（鎮種）の奮戦秘話が伝わる城である。

岩屋城は、四王寺山脈の南峯の岩屋山（標高281m）に築かれていた山城で、戦国時代に高橋鑑種（あきたね）が築城した。鑑種は四王寺山脈の東方の宝満山城を本城、岩屋城を支城とした。岩屋城は古代山城の大野城南方の山続きで、その北麓には大宰府政庁がある。古代から筑紫地方の要地であった。紹運は大友氏の老臣吉弘鑑理の子で、鑑種が大友氏に反旗を翻し追放されたあと、高橋氏を継いだ。現在、城には土塁、堀切が残り、のちに柳川城主となった紹運の長男立花宗茂の子孫が建てた本丸跡の石碑や二の丸跡には紹運のものとされる墓がある。

大野城（おおの）

所在 大宰府市、大野城市　遺構 石垣、土塁、水門、城門、礎石
史跡 国指定史跡

天智天皇2（663）年、白村江の戦で敗北して倭国は朝鮮半島から後退、当時の国防第一線として、大宰府を守るために同4（665）年四王寺山に築かれた大規模な古代山城である。百済からの帰化人、亡命者の協力の下で、同時に基肄（きい）城も築いたことが『日本書紀』にある。大野城が大宰府の北に、基肄城が南方に位置した。

四王寺山（標高410m）の尾根を取り巻くように築かれた土塁と石垣は長さ約8kmにおよび9ヶ所に城門跡がある。城内には倉庫を主体とした70棟以上の礎石建物が8群、掘立柱の役所的な建物遺構のほか、井戸や池などの水場もある。用途として有事の際の避難所的な機能も考えられている。

平成27（2015）年には前畑遺跡（筑紫野市）から出土した文献にない土塁の調査から、大野城や基肄城および水城などいくつかの城や土塁を結んだ大宰府羅城の存在の可能性が浮上してきた。羅城の中核は大野城になるが、

調査が各所で継続中である。百間石垣が有名。

岩石城（がんじゃくじょう）

別名 巌石城　所在 田川郡添田町添田　遺構 石垣、堀、井戸

保元3（1158）年太宰大弐（だざいだいに）となった平清盛の命により大庭景親が築城したのが始まりだとされる。この地は豊前、豊後の国境に近く筑前、筑後にも通ずる。そのため城主の交替は著しく、大友、大内、毛利氏の間で争奪戦が続いた。天正6（1578）年日向耳川合戦での大友氏の大敗により、大友領に侵攻した島津氏は岩石城を占領。天正15（1587）年には、豊臣秀吉の九州平定に対する島津側の拠点となった。秋月種実が本城の秋月城とともに岩石城に籠城するが、一日で岩石城は落城。関ヶ原の戦い後に豊前に入った細川忠興は、岩石城を支城として修築し長岡忠尚を置くが、一国一城令により廃城。城は岩石山（標高454m）に築かれ石垣や枡形虎口の遺構もある。

久留米城（くるめじょう）

別名 篠山城、笹原城　所在 久留米市篠山町　遺構 石垣、堀、土塁、門（移築）

永正年間（1504～21）に在地の土豪が築城して篠原城と称し、天文年間（1532～55）に御井郡司某が修築したという。天正13（1585）年、豊後の大友義鎮（よししげ）（宗麟）と肥前の龍造寺隆信との争いでは、龍造寺方の拠点となった。同15年豊臣秀吉の九州平定後、毛利秀包（ひでかね）が7万5千石で封じられたが、慶長5（1600）年関ヶ原の戦いに伴う騒乱では、黒田如水の軍勢に開城、秀包も関ヶ原の戦いでは西軍に属したため改易された。替わって田中吉政が筑後32万5千石に封じられ、柳川城を本城、久留米城を支城として二男則政を城主とした。同19（1614）年に則政が死去、家老の坂本和泉が城代となるが、翌年一国一城令で廃城となった。本家でも元和6（1620）年、二代忠政が病没して田中氏は無嗣断絶となった。翌7年有馬豊氏が大坂の陣の功により、8万石から21万石の大名に加増されて入封。以後有馬家が11代続いて明治を迎えた。城は毛利秀包によって近世城郭として築かれたが、一国一城令で荒廃。有馬豊氏を中心に有馬四代に亘って久留米城の修築が行われた。北西に筑後川が南流する標高20mの台地に、北から本丸、二の丸、三の丸外郭が南北に連なり、各曲輪は石垣で築かれていた。天守はあげられなかったが本丸は三層櫓が7基、その間を二階建ての多聞櫓で結ぶ重厚な構えであった。なかでも巽櫓は約13m×15mの平面で天守の代用とされた。また、城下町も城と同様、有馬氏によって整備が進められた。

秀包の時代に建てられていたキリシタン教会の跡も確認されている。

現在は、篠山神社と有馬記念館が建つ本丸に石垣と堀が残る。

小倉城(こくら)

別名 勝山城、指月城、勝野城、鯉ノ城　所在 北九州市小倉北区
遺構 石垣、堀、復興天守、櫓（模擬）

関門海峡を北に臨み、海峡の喉元を押さえる海陸の交通の要衝として、小倉をめぐる争奪戦が激化。永禄12（1569）年、毛利氏が赤間関の通路確保のために築城した。翌年には両者の和睦により小倉城は大友氏配下の高橋鑑種(あきたね)が城主となった。天正15（1587）年豊臣秀吉の九州国分により、毛利勝信が豊前8万石小倉城に入った。関ヶ原の戦いで勝信は西軍に味方したため改易。留守中の小倉城は中津城の黒田如水に占拠されていた。戦後、細川忠興は関ヶ原の功によって豊前一国と豊後二郡39万9千石に封じられた。自身は中津城に入り、小倉城には弟の興元を置くが程なく出奔。これを機に小倉城を隠居城とすべく慶長7（1602）年大修築に着工、5年を費やして同12年に完成した。寛永9（1632）年、細川氏は熊本城に移封。小笠原忠真が15万石で入城、10代続いて幕末となった。

城は紫城は紫川河口西岸の台地上に本丸、その周囲を松の丸、二の丸以下を配し、2～4重の堀を廻らし、紫川と板櫃川を外堀とした。本丸、北の丸、松の丸などの主要部はすべて石垣を廻らし、外郭部は櫓台、城門脇などの要点のみに石垣を利用、他には土塁が用いられた。四層六階の天守は破風のない、俗に唐造りとか南蛮造りと称するものであった。

城下町は西の板櫃川から東の小倉東北方の海岸線まで、総延長約8kmにわたり土塁、水堀によって囲まれていた。なお、天保8（1837）年天守は失火で焼失、慶応2（1866）年は第2次長州征伐の混乱の中で、城を自焼し、香春へと退却。明治を待たずに廃城となった。

立花山城(たちばな)

別名 立花城　所在 福岡県新宮町、久山町、福岡市新宮町
遺構 石垣、土塁、井戸

立花城は、豊後の大友氏が筑前における拠点として、6代貞載(さだとし)が元徳2（1330）年、西に博多湾を望む立花山（標高367m）に築いて立花氏を称した。永禄11（1568）年立花氏7代鑑載(あきとし)は毛利元就と通じ、大友宗麟に離反。戸次鑑連(あきつら)を将とする大軍と3ヶ月の激戦の末、鑑載は敗れ自刃した。立花城を巡る争奪戦は、その後も毛利氏との間で繰り返されたが、元亀2（1571）年宗麟は戸次鑑連を城主として立花家の名跡を継がせた。天正9（1581）年

鑑連は剃髪して道雪と号し、一人娘の誾千代に家督を譲り城主として、高橋紹運の長男統虎（むねとら）（のち宗茂）を婿とした。道雪が同13年、筑後に出陣中に陣没すると統虎が家督相続、名実ともに立花城主となった。翌14年の島津勢の筑前侵攻に対して、共闘した岩屋城の実父高橋紹運の犠牲もあり、島津氏の猛攻から立花城を守り抜いた。戦後の九州国分で統虎は筑後柳川城へ移封。小早川隆景が封じられるが、立花城の南西麓の海縁に名島城を築き居城として、立花城には浦宗勝を城代とした。慶長5（1600）年の関ヶ原の戦い後、黒田長政が筑前に入封すると、新たに福岡城を築き居城として、立花城は廃城となった。

立花山は、井楼山を主峰に7つの峰があり、それぞれの尾根筋に曲輪が築かれている姿は、山城の集合体といえる。少なくとも1km四方の広がりのある巨大な山城である。全山で石垣の痕跡がみられるが、福岡城の石垣に転用されたことから、まとまった形で残る石垣は少なく、井楼山山頂部付近に数か所残るだけである。山頂直下には石組の残る井戸跡がある。

福岡城（ふくおか）

別名 舞鶴城、石城　**所在** 福岡市中央区城内　**遺構** 櫓（現存）、門、石垣、土塁、堀

豊前中津12万5千石の城主黒田長政は関ヶ原の戦いの功により、筑前52万3戦国3千石を領すると父如水とともに入国、名島城に入った。名島城は前領主小早川氏が大修築して、天守や石垣ともに海城として整備していたが、大藩の居城地として狭小であることから、西方の福崎を新城地に選んで新たに城を築いた。普請は慶長6（1601）年に着工、7年を経て完成した。完成した城は、黒田家ゆかりの地である備前国邑久郡福岡（岡山県瀬戸内市長船町）の名前を取って福岡城、城下町は福岡と名付けられた。黒田氏歴代の居城として12代続いて、明治を迎えた。

城は福崎の丘陵地を利用して築かれ、最高所の本丸から段々と下がって、東、北、西を二の丸で囲み、その北を三の丸で囲んだ。本丸二の丸環に堀はなく、三の丸周りを内堀で囲んだ。西の堀が現在の大濠公園である。東の外堀の役目を果たす那賀川は備前堀、中堀を経て内堀と結ばれた。

本丸には、大小の天守台が築かれ、大天守には礎石も残る。天守建築がないのは、幕府への遠慮のため、とされるが、江戸時代初期には存在したとする説も根強い。

天守台以下、内堀以内の曲輪、石垣が良く残る。南二の丸多聞櫓と接続

する同南隅櫓および下之橋御門が、原位置に、記念櫓や伝潮見櫓が再移築され城内にある。

水城（みずき） 所在 太宰府市、大野城市 史跡 国指定史跡

『日本書紀』天智天皇3（664）年の条に「於筑紫、築大堤貯水、名曰水城」と記されるように、水城とは、水を貯める大きな堤である。この前年、白村江で日本軍は唐・新羅の連合軍に敗れ、退却。唐・新羅の侵攻から大宰府を守るため、水城を築いた。大野城がある大城山（四王寺山）とその西方の丘陵間の最も狭隘な所に築かれている。

水城は全長約1.2km、高さ約10m、基底幅80mの巨大土塁で、北方の博多側にも幅約60mの水堀が存在していた。水城内外の通行のため、東西に門があった。この水城の西方にも丘陵間を塞ぐ土塁が数か所ある。水城とは一連の構築物であり「小水城」と呼ばれる。

柳川城（やながわ） 別名 舞鶴城、柳河城 所在 柳川市本城町 遺構 天守台、石垣、堀

柳川城は蓮池城を本拠としていた蒲池氏が初め支城、のち本城とした。その時期は、文亀年間（1501～04）の蒲池治久のとき、あるいは永禄年間（1558～70）蒲池鑑盛のときともいう。天正8（1580）年、蒲池鑑並は佐賀の龍造寺隆信により謀殺され、以後は龍造寺、鍋島氏の支配となる。

同15（1587）年、豊臣秀吉の九州平定後、立花城主立花宗茂が13万2千石に封じられたが、慶長5（1600）年関ヶ原の戦いで西軍に味方し、柳川に戻ったところを東軍の佐賀城主鍋島直茂に攻撃された。やがて加藤清正、黒田如水の説得で和議となった。戦後の戦功で宗茂は所領を没収され、のち奥州棚倉1万石の大名となった。柳川城へは田中吉政が32万5千石で入城。五層の天守や石垣を多用した近世城郭へ改修した。元和6（1620）年、吉政の子忠政が嗣子なく病死、田中氏が改易となる。立花宗茂が10万9千石で復帰。以後、立花氏の12代の居城となった。その間、元禄10（1697）年、4代鑑任は城の西方に藩主別邸「集景亭」を造営し、鑑任死後は会所となり、元文3（1738）年に柳川城二の丸にあった「奥」が同所に移転され、「御花畠」と呼ばれるようになった。この建築物は旧藩主立花家が経営する料亭「御花」として現存している。明治5（1872）年原因不明の火事により、一夜にして城は灰燼に帰し、吉政築造の五層の天守は猛火の中に姿を消した。

戦国大名

福岡県の戦国史

応仁元年（1467）、応仁の乱が勃発すると中国地方に加えて筑前国・豊前国まで手中にしていた大内政弘が西軍の主力として上洛したことから、東軍に与した豊後の大友氏が豊前国に侵攻、また一時対馬に逃れていた少弐頼忠（政尚）も筑前国に守護として復帰した。しかし、京で乱が終結すると大内政弘は九州に渡って豊前・筑前両国を取り戻し、以後少弐氏は肥前国に転じた。

天文20年（1551）大内義隆が陶晴賢の謀反で自害、筑前守護代であった杉興運も討死した。陶晴賢は大友義鎮（宗麟）の弟晴英を大内氏の後継ぎとして迎えて形式上は大内氏の支配下にあったが、弘治3年（1557）に大内義長が毛利元就に滅ぼされると、大友義鎮（宗麟）が豊前・筑前・肥前に侵攻して平定。豊後・筑後・肥後の3国に加えて、この3国の守護も兼ね、九州北部の覇者となった。

その大友氏も天正6年（1578）義統が耳川合戦で島津氏に大敗。これを機に筑前・豊前の国衆が離反、筑後には肥前の龍造寺隆信が進出してきた。その一方で、薩摩から島津氏が北上、島原で龍造寺隆信を降して筑後を手中にし、同14年には筑前岩屋城の高橋紹運を滅ぼした。

しかし、翌年大友宗麟の要請を受けた豊臣秀吉が大軍を率いて九州に遠征、島津氏はその軍門に降った。秀吉は筑前箱崎で国割を行い、筑前国と筑後国の一部は小早川隆景、筑後国の残りは立花宗茂や筑紫広門ら、豊前国は毛利勝信と黒田孝高に与えられた。

その一方、筑前国の秋月氏と豊前国の高橋氏は日向国に移され、鎌倉時代から豊前国の有力一族だった宇都宮氏は伊予移封を拒んで黒田孝高によって滅ぼされた。また、筑前国にいた多くの国衆は小早川氏や立花氏の被官となった。

主な戦国大名・国衆

赤司氏(あかし) 筑後国御井郡の国衆。草野長門守守永の二男兼実が赤司氏を称し、赤司城（久留米市北野町赤司）に拠って赤司党と呼ばれた。室町時代には国人領主として活動した。戦国時代には大友氏に従って赤司城に拠ったが、永禄12年（1569）資清が筑前国箱崎で戸次道雪に属して少弐氏と戦い戦死、嫡子松千代は赤司城を離れた。末裔は三井郡安居野村（久留米市山川安居野）に住み、江戸時代は大庄屋となった。

秋月氏(あきづき) 筑前の戦国大名。古代豪族大蔵氏の子孫で、筥崎宮塔院領だった筑前国夜須郡秋月荘（朝倉市）の出。鎌倉時代種雄が御家人となったとみられる。戦国時代には秋月城で大名として活躍、天文10年（1541）種方は大内義隆の推挙で幕府の番衆になっている。種長は島津氏と結んで筑紫に勢力を伸ばしたが、天正15年（1587）豊臣秀吉の九州攻めにあって敗れ、日向高鍋3万石に転封となった。

麻生氏(あそう) 筑前国遠賀郡の国衆。下野宇都宮氏一族山鹿氏の庶流で、鎌倉初期に資時が遠賀郡山鹿荘内の麻生荘と野面(のぶ)庄、上津役(こうじやく)郷（八幡西区）の3カ所の地頭代となり、麻生荘（北九州市戸畑区浅生）に因んで麻生氏を称したのが祖。鎌倉時代末期に北、中、南の3家に分裂、このうち南家が惣領家で、花尾城（北九州市戸畑区）に拠った。南北朝時代には北朝方として花尾城（北九州市戸畑区）に拠り、さらに大内氏の推挙を得て室町幕府の奉公衆もつとめている。戦国時代初期に内訌があり、文明11年（1479）大内政弘の支援を得た弘家が惣領の座について以後は大内氏の被官となった。家延は岡城主となり、子隆守は天文15年（1546）大友義鑑に敗れて落城、自刃した。江戸時代は福岡藩士となった。

宇都宮氏(うつのみや) 豊前国の戦国大名。下野宇都宮氏の庶流。宇都宮宗円の孫信房が所領を没収された板井種遠に代わって豊前の地頭となったのが祖。嫡流は築城郡城井（築上郡築上町城井）に住み、城井氏ともいわれ、筑後守護もつとめた。戦国時代初期は大内氏に属し、弘治2年（1556）鎮房のとき大友氏に従う。天正14年（1586）鎮房は島津氏方に転じ、翌年豊臣秀吉に降伏。鎮房は秀吉から伊予今治移封を命じられたが拒否、城井城に籠城した。代わって豊前に入封した黒田長政と一旦和睦したが、同16年長政に鎮房以下重臣がことごとく謀殺されて滅亡した。

香月氏（かつき）　筑前国遠賀郡の国衆。日本武尊の熊襲征伐に功をあげた小狭田彦が香月君と名乗ったのが祖という。平安末期は平氏に従い、源平合戦の際、則宗は平家方についたが本領安堵された。承久の乱では上皇方についたため所領を没収されたものの、則宗の子則定が舞の名手であったことから所領が返還された。南北朝時代、市瀬城に拠った則村と、畑城に拠った則次の間で内訌となり、勝った則村は麻生氏の被官となった。一方、敗れた則次は大内氏のもとに逃れ、興則のときに大内氏の支援を得て畑城を回復、香月氏を再興した。以後戦国時代まで畑城に拠り、天正15年（1587）の豊臣秀吉の九州攻めを機に帰農した。

蒲池氏（かまち）　筑後の戦国大名。豊前宇都宮氏の一族。応永年間（1394～1428）に久憲が筑後国三潴（みづま）郡蒲池（柳川市蒲池）に住んで蒲池氏を称したという。代々大友氏に属し、蒲池城に拠った嫡流の下蒲池家と、山下城（八女市）に拠った庶流の上蒲池家の2流に分かれた。戦国時代初期までの動向は不明な部分が多い。嫡流の鑑盛は耳川合戦で討死。子鎮並は龍造寺氏に通じて天正7年（1579）には三池氏を攻めているが、翌年には島津氏と通じて龍造寺氏と戦っている。そのため龍造寺氏によって謀殺され、妻子は柳川城に籠城したものの敗れて滅亡した。上蒲池氏の鑑広も龍造寺氏に従い、豊臣秀吉の九州攻め後は三池郡に移されて、高橋統増の与力となった。関ヶ原合戦では西軍に属して没落、江戸時代は福岡藩士や熊本藩士となった。

草野氏（くさの）　筑後国山本郡の国衆。藤原姓で、長寛2年（1164）肥前の高木宗貞の子永経が筑後国山本郡草野荘（久留米市草野町）に転じて竹井城を築城し、草野氏を称したのが祖という。鎌倉時代は幕府の御家人となって筑後・肥前に所領を得た。戦国時代、鎮永は天正5年（1577）に発心嶽城（久留米市）を築城、大友氏・龍造寺氏・島津氏の狭間で勢力を保っていたが、翌年大友宗麟が日向国に侵攻した際にこれに従った。しかし耳川合戦で島津氏に大敗すると大友氏のもとを離れ、のち島津氏に仕えた。同15年豊臣秀吉の九州攻めで降伏、その後再び発心嶽城に籠城して叛旗を翻したが敗れ、自刃した。

黒木氏（くろき）　筑後国上妻郡の国衆。古代豪族調氏の末裔と伝えるが、菊地氏の一族や大蔵氏の末裔など異説も多い。調宿禰祐能が黒木郷木屋村（八女市黒木町）に住んで猫尾城（黒木城）を築城したのが祖という。南北朝時代は南朝に属し、五条頼治とともに筑後守護大友親世と戦っている。戦国時代は大友氏に従う。天正12年（1584）家長のときに大友氏に叛いて敗れ滅亡した。子匡実はのち柳河藩士となっている。

上妻氏（こうづま）　筑後国上妻郡の国衆。藤原北家で道隆の子孫と伝えるが、鎌倉初期に家宗が上妻荘（八女市立花町）の地頭となった以前は不詳。以後、幕府の御家人として活躍。室町時代は山崎城（八女市）に拠って大友氏に従った。豊臣秀吉の九州攻め後は立花氏に仕え、江戸時代は柳河藩士となった。

少弐氏（しょうに）　筑前の戦国大名。藤原北家秀郷流。武藤頼平の子資頼は源平合戦で平家方に属して捕われたが、故実に明るいことから許され、文治5年（1189）御家人に取り立てられて大宰少弐に補せられて九州に下り、以後代々世襲して少弐氏を称した。さらに、筑前・豊前など数カ国の守護を兼任し九州北部には大きな勢力を持っていた。貞経は建武新政権下で筑前・豊前両国の守護をつとめ、建武3年（1336）に足利尊氏が建武政権に叛いて九州に逃れてきた際にはこれに与し、政権方の菊池武敏に敗れて自害した。以後、北朝に属したものの、足利政権が九州探題を置いたことから対立、次第に勢力を失った。南北朝統一後、満貞は筑前守護を回復したが、永享5年（1433）大内持世に敗れて自刃、太宰府を失い遺児は対馬に逃れている。文明15年（1483）政資が肥前で挙兵、大友氏の援助を得て太宰府を奪回した。以後は大内氏との間で一進一退を繰り返し、明応6年（1497）に政資・高経父子が戦死すると、政資の末子資元は拠点を肥前国に移し、龍造寺氏の支援を得て少弐氏を再興した。しかし、龍造寺氏にも叛かれ、永禄2年（1559）冬尚が龍造寺隆信に敗れて滅亡した。

杉氏（すぎ）　筑前国糟屋郡の国衆。周防杉氏の一族で筑前守護代をつとめた豊後守家の一族か。高鳥居城（篠栗町・須恵町）に拠った。守護代家滅亡後に登場する杉連緒（すぎつらつぐ）は国人化して糟屋郡を支配、さらに鞍手郡にも進出して竜ヶ岳城（香春町）城主も兼ねた。毛利氏の九州出兵にも呼応したが、のち秋月氏に降った。

高橋氏（たかはし）　筑後の戦国大名。大蔵姓原田氏の子孫で、名字の地は筑後国御原郡高橋（三井郡大刀洗町）。南北朝時代には足利尊氏に従い、多くの庶子家を出した。天文3年（1534）長種の死去で嫡流が断絶、大友氏一族で一万田親敦の二男鑑種が名跡を継いだ。以後大友氏の重臣となるが、永禄10年（1567）に秋月氏らとともに大友氏に叛いて岩屋城に籠城した。同12年岩屋城は開城し、代わって吉弘鑑理の二男鎮種が入城、新たに高橋鎮種（紹運）となる。天正9年（1581）子統虎が立花道雪の養子となって宗茂を称し、以後高橋紹運・立花宗茂父子は大友氏に属して活躍した。同14年（1586）島津氏の筑前侵攻の際、鎮種は岩屋城を死守して討死した。一方、岩屋城を追放された鑑種は天正7年（1579）再び大友氏に叛き、豊前国田川郡の香春岳城（かわらだけ）に拠った。同年死去すると、秋月種実の二男が継いで高橋元種となり、豊臣秀吉に従って日向国松尾城で5万石を与えられた。

立花氏（たちばな）　筑前の戦国大名。藤原北家秀郷流。大友貞宗の三男貞載が立花城（糟屋郡新宮町立花）に拠って立花氏を称したのが祖。貞載は、建武3年（1336）足利尊氏が鎌倉で建武政権に叛いた際、新田義貞に従って追討軍に加わったが、寝返って尊氏軍の勝因となった。以来、代々立花城に拠ったが、戦略上の拠点であったため、何度も落城を繰り返している。戦国時代、鑑載は大内氏に降るが、弘治3年（1557）に大内氏が滅亡し、鑑載は大友氏に降った。永禄10年（1567）、高橋鑑種が大友氏に叛いた際に同調、翌年滅亡した。その後、天正9年（1581）に高橋紹運の子統虎が立花道雪の養子となって宗茂を称して再興、大友氏の滅亡後は独立した大名として豊臣秀吉に仕えた。

長野氏（ながの）　豊前国企救（きく）郡の国衆。『長野氏系図』では桓武平氏で、平正盛の孫の康盛が保元2年（1157）に豊前の国司となって企救郡長野荘（北九州市小倉南区長野）に下向したのが祖というが、康盛の父という時盛の名は平氏系図中にはみえず出自は不詳。また、長野荘には中原姓の在地領主がいたことから、この末裔とも考えられる。室町時代には次第に大内氏の被官となり、永禄12年（1569）毛利元就に敗れ、義孝・義有父子は討死した。天正7年（1579）助守は大友氏に叛いて毛利氏に通じ、豊臣秀吉の九州攻めでは秀吉に降った。江戸時代は柳河藩士となった。

原田氏（はらだ）　筑前の戦国大名。大蔵姓。筑前国怡土郡郡原田（前原市）の出で、藤原純友の追捕使大蔵春実の末裔と伝える。平安末期、原田種直は平家方に属して大宰権少弐となり、鎌倉時代は少弐氏のもとで雌伏していたが、南北朝時代から再び台頭、室町時代には高祖城（糸島市）に拠って、筑前国の有力国人に成長した。戦国時代は大内氏・毛利氏と結んで大友氏と対抗したものの、信種のときに豊臣秀吉に敗れて所領を没収され、小早川隆景の家臣となった。文禄の役で朝鮮軍に投降した「沙也可」を信種とする説がある。

三池氏（みいけ）　筑後国三池郡の国衆。藤原北家秀郷流で、大友氏の庶流。鹿子木貞房の子員時が三池氏を称した。元寇の頃に下向したとみられる。南北朝時代は北朝に属し、筑後の有力国人として活躍した。戦国時代は三池山城（大牟田市）に拠って大友氏に属した。豊臣秀吉の九州攻め後は所領を没収され、以後は立花氏に仕えたが、関ヶ原合戦で立花氏が改易となり、江戸時代は熊本藩士となった家と、再興した立花氏に仕えて柳河藩士になった家に分かれた。

宗像氏（むなかた）　筑前国宗像郡の戦国大名・宗像神社大宮司。初代大宮司の清氏は宇多天皇の皇子という伝承もあるが、実在したかどうかも不明。古代から宗像郡に勢力を持った豪族の末裔とみられる。文治3年（1187）に氏実が御家人に列して武士化し、建武3年（1336）には九州に逃れてきた足利尊氏を迎え、室町時代以降は大内氏に従った。弘治3年（1557）に大内氏が滅亡すると、氏貞は大友氏に属し、蔦ヶ山城（宗像市）に本拠を移した。しかし、大友氏も没落、天正14年（1586）には80代氏貞も病死し、子もすでに死去していたことから嫡流は断絶した。

名門／名家

◎中世の名族

少弐氏（しょうに）

筑前の戦国大名。藤原北家秀郷流で武藤頼平の子資頼が祖。資頼は源平合戦では平家方に属して三浦義澄に捕らわれたが、故実に明るいことから許され、1189（文治5）年御家人に取り立てられた。そして、建久年間に大宰少弐に補せられて九州に下り、以後代々世襲して少弐氏を称した。さらに、筑前・豊前など数カ国の守護を兼任し、九州北部には大きな勢力を持っていた。

貞経は筑前・豊前・肥前の三カ国の守護を務めていたが、1333（元弘3）年鎮西探題赤橋英時を滅ぼし、建武新政権下でも筑前・豊前両国の守護をつとめた。36（建武3）年に足利尊氏が建武政権に叛いて九州に逃れてきた際にはこれに与し、政権方の菊池武敏に敗れて自害した。

以後、北朝に属したものの、足利政権が九州探題を置いたことからこれと対立、次第に勢力を失った。さらに75（天授元・永和元）年冬輔が九州探題今川了俊に謀殺されたことから、跡を継いだ弟の頼澄は南朝方に転じた。南北朝統一後、満貞は筑前守護を回復したが、1433（永享5）年大内持世に敗れて自刃、太宰府を失い遺児は対馬に逃れている。

83（文明15）年政資が肥前で挙兵、大友氏の援助を得て太宰府を奪回した。以後は大内氏との間で一進一退を繰り返したが、97（明応6）年に政資・高経父子が戦死すると、政資の末子資元は拠点を肥前国に移し、龍造寺氏の支援を得て少弐氏を再興した。しかし、龍造寺氏にも叛かれ、1559（永禄2）年冬尚が龍造寺隆信に敗れて滅亡した。

◎近世以降の名家

有馬家（ありま）

久留米藩主。摂津の戦国大名有馬氏の庶流。則頼は関ヶ原合戦で東軍に属し、1601（慶長6）年摂津三田2万石に移る。則頼の子豊氏は20（元和6）年みずからの所領と父の遺領を合わせて、筑後久留米21万石に転じた。久留米藩7代藩主頼徸（よりゆき）は和算家として有名で、『拾璣算法（しゅうきさんぽう）』など多くの著作がある。

1885（明治17）年頼万（よりつむ）の時に伯爵となる。子頼寧は賀川豊彦らと日本農民組合設立に参加、部落解放運動にも関係し、華族の反逆児といわれた。1924（大正13）年に衆院議員となって政界に転じ、27（昭和2）年伯爵家を継ぐと貴族院議員となった。戦後はA級戦犯として9カ月拘禁され、釈放後は中央競馬会理事長に就任。その功績を記念して有馬記念競馬が設けられた。頼寧の三男が直木賞も受賞した推理作家の頼義である。

また、頼万の弟頼多は1897（明治30）年に分家して男爵を授けられた。

有馬家（ありま）

久留米藩家老。梶重頼は有馬則頼に仕えてその娘を娶ったが、浪人。後則頼の子豊氏に仕えて家老となると、有馬氏を賜り、久留米入部後は8000石を知行した。重頼の跡は孫の重之が継ぎ7000石を知行したが、重之の孫の大蔵が8歳で死去したためいったん断絶、一族の久米助が再興、豊前家を称した。

重頼の二男重次は5000石を領し、跡を継いだ甥の重長の末裔は代々久留米藩家老として4000石を知行した。

稲次家（いなつぐ）

久留米藩家老。丹波国氷上郡葛野村稲次（兵庫県丹波市氷上町）発祥。初代稲次壱岐は、初め別所長治に仕える。別所家滅亡後、豊臣秀吉の命で横須賀城主渡瀬左衛門の家老となったが、関白秀次に連座して改易、その後有馬豊氏に仕えた。関ヶ原合戦で横山監物を討って名をあげ、豊氏の丹波福知山転封に際して家老となった。後久留米藩に移り、5000石となる。後分知で4000石となり、代々家老をつとめた。

大賀家（おおが）

博多（福岡市）の豪商。豊前国の武士の出で、戦国時代は大友氏に仕えていた。大神姓という。大友氏の滅亡後、宗九は商人に転じ、明に渡って巨富を得たという。黒田長政の福岡移封の頃に福岡に移って博多の三傑という豪商となった。江戸時代は金融業となり、博多の筆頭町人をつとめた。博多の町家の格式は、「大賀並」「大賀次」「大賀格」など、大賀家を基準に定められていた。

大鳥居家

大宰府天満宮五別当家の一つ。菅原姓。鎌倉時代に太宰府天満宮留守別当となった菅原善昇の長男信証の子孫。代々安楽寺別当をつとめた。江戸時代中期の信貫の時に妻帯をしない清僧となり、以後は他家から養子を迎えた。幕末、公家高辻家から養子となって継いだ信巌は1868（明治元）年に復飾、以後は西高辻家を称した。

小笠原家

小倉藩主。信濃の戦国大名である深志小笠原氏の末裔。清和源氏。加賀美遠光の二男長清が甲斐国巨摩郡小笠原（山梨県南アルプス市）に住んで小笠原氏を称したのが祖。貞慶は徳川家康に仕え、1590（天正18）年の関東入部では秀政が下総古河3万石を与えられた。関ヶ原合戦後、信濃飯田5万石を経て、1613（慶長18）年松本8万石に加転。

15（元和元）年大坂夏の陣では秀政・忠脩父子が戦死、二男忠真が松本藩を継いだ。17（同3）年播磨明石10万石を経て、32（寛永9）年豊前小倉15万石に入封した。1866（慶応2）年の第2次長州戦争では長州藩に敗れて小倉城が落城、田川郡香春に藩庁を移して香春藩となっている。84（明治17）年忠忱の時に伯爵となる。

小笠原家

豊前千束藩（豊前市）藩主。小笠原忠真の四男真方は1671（寛文11）年兄忠雄から上毛郡で新田1万石を分知されて小倉新田藩を立藩したのが祖。4代貞温は若年寄をつとめている。1869（明治2）年居所を上毛郡千束に移したため、千束藩と改称した。84（同17）年寿長の時子爵となる。

河原田家

福岡城下天神（福岡市）の筆の老舗「平助復古堂」の創業家。1501（文亀元）年創業で、最古の筆専門である。初代河原田五郎兵衛は博多でつくられていた筑紫筆の名工で、豊前国河原田城主前田左京太夫清助の末裔と伝える。豊臣秀吉が朝鮮出兵のために肥前名護屋に在城していた際には、当時の当主河原田平次が筑紫筆を献上している。江戸時代以降は代々平助を襲名、4代目平助の天明年間（1781～1789）には福岡藩御用筆に選ばれ、藩主黒田斉隆から復古堂という商号を賜った。明治維新後、9代目平助はみずからの筆を「平助筆」と名付けてブランド化して成功した。

黒田家（くろだ）

福岡藩主。1511（永正8）年近江黒田氏の高政が将軍足利義稙の怒りを買い、備前国邑久郡福岡（岡山県瀬戸内市長船町福岡）に移り住んだのが祖と伝えるが、赤松氏の一族ともいう。孝高（如水）は豊臣秀吉の下で参謀として活躍、豊前中津12万石に入封すると、宇都宮氏、野中氏などの国人層を討っている。関ヶ原合戦では東軍に属し、九州北部の西軍の諸城を次々と落としている。

一方、長政は徳川家康の養女（保科正直の娘）を正室に迎えて、家康の側近となり、1600（慶長5）年筑前福岡52万石余りに加転となった。1884（明治17）年長成の時に侯爵となる。長成は貴族院副議長、枢密顧問官などを歴任した。長男の長礼は動物学者で、特に鳥類の研究で著名。その子長久も鳥類学者で山階鳥類研究所長をつとめる。

黒田家（くろだ）

秋月藩（朝倉市）藩主。1623（元和9）年黒田長政の三男長興が5万石を分知されて、夜須郡秋月に陣屋を構えたのが祖。しかし、藩内の分知とする兄忠之が藩主の本藩によって江戸参府を妨害され、翌年密かに江戸に出で3代将軍徳川家光に謁見、朱印状を与えられて正式に諸侯に列した。長興は38（寛永15）年島原の乱に際して藩兵2000人を率いて出陣している。1884（明治17）年長徳の時に子爵となる。

黒田家（くろだ）

福岡藩家老。藤原北家加藤氏の出で、摂津伊丹氏の一族という。重徳は伊丹親興の家臣だったが、1574（天正2）年に親興が織田信長に叛いて荒木村重に討たれると、新城主となった村重に仕えた。78（同6）年村重によって捕らえられた如水の牢番となり、栗山大膳の潜入を見過ごしたのが縁で、伊丹城落城後、重徳の二男一成（美作）が如水に仕えて黒田氏を許された。

江戸時代は筑前国下座郡で1万2000石を知行して三奈木黒田家と呼ばれ、代々福岡藩筆頭家老をつとめた。1900（明治33）年一義の時に男爵を授けられた。

小今井家（こいまい）

豊前国上毛郡宇島（豊前市）の豪商。元は豊前国小祝浦で亀安を称して漁業を営んでいたが、助蔵の時に米穀の売買を始めた。文政年間（1818～1829）に宇島に居を移して万屋と号した。

3代目末広は酒造業も兼ね、1836（天保7）年には上毛郡内で通用する私札も発行する豪商となった。40（同11）年には小倉藩産物会所御用も命じられ、江戸城西の丸焼失による藩の幕府への献金2万5000両のうち7000両を引き受けている。65（慶応元）年名字を小今井に改めた。

維新後も、79（明治12）年に浄土真宗の大教校を創立、97（同30）年には国鉄宇島駅の開業に当たって3町歩の土地を献納するなど、地元の発展に尽くした。

児島家（こじま）

博多で香具屋と号した豪商。備中国児島（岡山県倉敷市）の出で、黒田家の福岡入りに伴って博多に転じたという。1648（慶安元）年中州で香具屋として創業、塗料や薬類、呉服などを取り扱った。維新後、8代目児島善三郎が洋紙の取引を始め、以後紙問屋となった。1958（昭和33）年株式会社児島洋紙店、89（平成元）年児島洋紙株式会社に改組した。洋画家の児島善三郎は、9代目善一郎の長男である。

五条家（ごじょう）

柳河藩士。清原姓で、1338（延元3）年頼元が懐良親王に従って九州に下向し、筑前国三奈木荘（朝倉市）で没した。以後代々南朝に属し、後筑後天部に土着した。室町時代は守護菊池氏に属した。戦国時代は一貫して大友氏に従っている。豊臣秀吉の九州攻めで所領を奪われて統康は矢部氏と改称。1626（寛永3）年柳河藩士となった。1753（宝暦3）年頼永の時五条氏に復姓、1897（明治30）年男爵となった。「五条家文書」は国指定重要文化財である。

三枝家（さえぐさ）

久留米城下（久留米市）で、松屋と号して廻船問屋を営んだ豪商。武家の出で、有馬豊氏と共に丹波国福知山（京都府福知山市）から移り住んだとみられる。当初は穀物問屋だったが、1820（文政3）年に御産物積船宿となり、廻船問屋に発展した。

渋田見家

小倉藩家老。信濃国安曇郡渋田見郷（長野県北安曇郡池田町）発祥。南北朝時代に小笠原氏に従い、以後代々小笠原氏の重臣となった。江戸時代は小倉藩家老となり、家禄1700石。2代藩主忠雄の家老をつとめた盛治は小倉藩の各種制度を確立、藩政の基礎を築いた人物として知られる。

瀬戸家

博多で釜屋と号した豪商。相模国鎌倉の出で、戦国時代に筑前国に降って高祖城主原田氏の家臣になったと伝える。原田氏滅亡後は、博多土居町に住んで釜屋と号して鋳鉄を始めた。元禄時代に金物類取扱に転じて成功、6代目惣右衛門寛続の時に製蝋業に進出し、以後は通称釜惣と呼ばれた。また福岡藩御用達で名字帯刀を許されていた。

高千穂家

英彦山天台修験座主。後伏見天皇の子長助法親王の子孫。代々豊前国田川郡彦山（添田町）の英彦山神社の大宮司兼座主をつとめていた。1868（明治元）年通綱（教有）が復飾、翌年には高千穂姓を賜り、73（同6）年華族に列した。83（同16）年徳大寺実則の二男宣麿が継いで翌年男爵となり、1907（同40）年に伯父の西園寺公望が首相に就任するに当たって貴族院議員となった。一方、博物学者としても知られる。

立花家

柳河藩主。戦国大名立花氏の滅亡後、大友氏一族の戸次鑑連が立花城に拠って立花氏の名跡を継いで立花道雪となったのが祖。その後、1582（天正10）年に岩屋城主高橋鎮種の嫡男宗茂が道雪の娘誾千代を妻として家督を継いだ。宗茂は戸次氏を名乗っていたが、豊臣秀吉に従った後に立花氏を称すようになった。87（天正15）年筑後柳河で13万2000石を領した。

関ヶ原合戦では西軍に属したためいったん改易されたが、1603（慶長8）年陸奥棚倉（福島県東白川郡棚倉町）1万石で再興。10（同15）年3万石に加増され、20（元和6）年柳河10万9600石に復帰した。1884（明治17）年寛治の時に伯爵となる。1950（昭和25）年、文子は夫和雄と共に旧伯爵邸を利用した料亭・旅館「御花」を創業、文子は女将として活躍した。長男の宗鑑は日本ユニシスサプライ社長をつとめた。

玉江家（たまえ）

豊前国京都郡行事村（行橋市）の豪商。初代宗泉が小笠原忠真の豊前入国の頃に布袋屋を創業したという。代々彦右衛門を称し、小倉城下旦過橋近くに支店があった。1709（宝永6）年3代宗利の時に飴屋となる。

宗利は25（享保10）年綿実商を兼ね、4代宗賢は45（延享2）年質商、56（宝暦6）年には酒造業も始めた。さらに62（同12）年には大坂への廻船業も始めている。5代宗達の時に名字帯刀を許され、6代宗慶は10人扶持を与えられた。天保年間（1830～1843）、7代宗徹は小倉城下を代表する御用商人で、京都郡で通用する私札も発行している。維新後は飴屋専業に戻り、現在まで続いている。

中原家（なかはら）

小倉城下室町（北九州市小倉北区）の豪商。元は毛利氏の家臣だったが、小倉初代藩主小笠原忠真の時代に小倉城下新魚町で中原屋と号して飛脚問屋となった。1794（寛政6）年6代嘉道の時に室町2丁目に転じ、7代保道は長崎御用吟味役の他、中津藩や会津藩の御用達もつとめた。1846（弘化3）年には町年寄格にもなっている。

66（慶応2）年第2次長州戦争で小倉城が落ちた後、9代保倫（嘉左右）は藩庁の移動に伴って、香春、豊津などに転じたが、その間藩の財政を助けた。68（同4）年には藩士に列した。74（明治7）年に小倉に戻り、米・石炭を扱う一方、蒸気船を有して大阪との定期航路を開いた。その後は筑豊の石炭開発に力を注いでいる。

中牟田家（なかむた）

福岡城下（福岡市）で岩田屋と号した呉服商。岩田屋創業家。1704（宝永元）年河野小右衛門が福岡城下大工町で売薬商を始まる。54（宝暦4）年2代目小右衛門が紅屋と号して呉服商を開業、64（明和元）年に岩田屋平七が廃業するに当たり一切を譲り受け、新たに岩田屋と号して開業、名字を中牟田と改めた。1853（嘉永6）年福岡藩から名字を許される。1935（昭和10）年株式会社岩田屋となり、翌年福岡市天神に百貨店岩田屋を開業した。2009（平成21）年三越伊勢丹ホールディングスの傘下となる。

米多比家（ねたび）

柳河藩家老。筑前国糟屋郡米多比（古賀市米多比）発祥で、武蔵七党丹党の末裔と伝える。代々大友氏に従っていたが、1568（永禄

11) 年に立花鑑載が大友氏に叛いた際に、米多比大学が鑑載によって殺された。子鎮久は立花宗茂に仕えて家老となる。関ヶ原合戦後、立花家が改易されると加藤清正に仕えて熊本藩士となり、立花家が柳河藩主に復帰すると、柳河に戻って家老となった。家禄は2000石。

林田家（はやしだ）

筑後国竹野郡田主丸村（久留米市田主丸町）で手津屋と号した豪商。久留米藩の御用商人だったが、安永年間（1772～1780）源次郎の代に衰退。弟の正助は長崎の鉄屋に奉公に出た後に家督を相続、1798（寛政10）年には藩の年貢米や菜種の大坂回送を請け負うなど、同家を再興した。さらに、大坂での藩米切手の買い支えに尽力するなど、久留米藩を代表する豪商となったが、1814（文化11）年久留米藩の空米切手事件に連座して没落した。

松村家（まつむら）

福岡城下紺屋町（福岡市）で楠屋と号した豪商。戦国時代は白木氏を称し、越前朝倉氏に仕えていた。後栗山備後に仕えて筑前に移り、その失脚後糟屋郡で帰農したという。その後、白木太兵衛が福岡城下に住み、その娘が名島町の楠屋宅兵衛を婿としたことから、以後は楠屋を称した。江戸時代中期には質屋・酒造業を始め、寛保年間に紺屋町に転じた。

幕末に分家した半次郎は楠屋醤油を創業、福岡藩御用達となった。現在もジョーキュウとして醤油醸造を手掛けている。

横大路家（よこおおじ）

筑前国糟屋郡上府（新宮町）で千年家と呼ばれる旧家。805（延暦24）年に最澄が唐から帰国した際同家に宿泊し、お礼として横大路の名字と、「毘沙門天の像」「法理の火」「岩井の水」を賜ったと伝える。戦国時代は地侍として立花氏に属し、横大路備後守・同伊豆守が知られる。江戸時代は、霊火・霊水を守るために帰農したといい、代々大庄屋をつとめた。

吉田家（よしだ）

久留米藩家老。元は三木別所氏の家臣で、久勝は有馬則頼の家老をつとめた。子重長は久留米藩に入部後家老として1万石を与えられ、藩主から有馬氏を賜った。その後は分知で嫡流は4000石を知行し、代々有馬氏を称して家老を務めた。維新後、吉田氏に戻している。久留米藩重臣には分家も多い。

博物館

福岡市博物館
〈金印〉

地域の特色

福岡県は九州本島の最北部に位置し、九州地方の県では最も人口が多い。北部は日本海（響灘・玄界灘）、東部は瀬戸内海（周防灘）、筑後地方は有明海と異なる環境の海に面している。県の中心部を筑紫山地が連なり、筑後川・矢部川・遠賀川流域や大きな河川流域である宗像地域、京築地域では水田地帯が多い。福岡県による地域区分では、福岡地域（行政、商業の中心）、筑後地域（農業、水資源の中心）、北九州地域（工業の中心）、筑豊地域（鉱業、農業の中心）の四つの地域に大きく分けられ、それぞれに特色ある歴史や文化、産業が発展している。福岡県は中国大陸や朝鮮半島に近いという地理的条件の影響を受け、古代より多くの交易または侵略の歴史に富む。近年も韓国や中国、台湾などの他、東南アジアの主要都市への空路や航路が多く設定され、交易だけに限らず観光客も増加傾向にある。歴史的には、糸島市の大原遺跡、久留米市の野口遺跡などは旧石器時代後期のものとされ、また県内の縄文遺跡は遠賀川流域と糸島半島に集中している。弥生時代、稲作が日本で最初に伝来した地といわれている。「魏志倭人伝」によれば福岡市西区・糸島市の辺りに伊都国が、福岡市博多区の辺りに奴国が存在したと伝えられている。また同書には、中国の皇帝から「親魏倭王」の金印を授かった女王卑弥呼が統治した邪馬台国も北部九州に存在したとする説がある。

主な博物館

九州国立博物館　太宰府市石坂

国立文化財機構が運営する歴史系博物館で、太宰府天満宮の後背地の丘陵地に2005（平成17）年に建設された。歴史系博物館の機能を充実させ、特に保存修復の技術や研究に特化した人材を擁している。建築物を大規模な免震構造の上に設置し、収蔵庫ならびに資料の修復や保存保管機能を先鋭化させた。九州が日本におけるアジア文化との交流の重要な窓口であった歴史的や地理的背景を踏まえ「日本文化の形成をアジア史的観点から捉える博物館」を基本理念に、旧石器時代から近世末期（開国）までの日本の文化の形成について展示している。また、アジア地方各地との文化交流を推進する拠点としての役割ももち、アジア各地の民族美術の展示も行われている。

北九州市立いのちのたび博物館　北九州市八幡東区東田

前身の歴史博物館は1975（昭和50）年に小倉北区城内の勝山公園内に開館、自然史博物館は76（昭和51）年の白亜紀のニシン料魚類化石の発見がきっかけで81（昭和56）年に北九州市立自然史博物館として八幡駅ビルを仮施設として開館した。考古博物館は83（昭和58）年に小倉北区金田に誕生し、埋蔵文化財調査室、展示エリア、収蔵庫の複合施設であった。2002年（平成14）にこれらを統合して北九州市立自然史・歴史博物館となり、46億年前の地球誕生から現在に至る、人と自然の「いのちのたび」を展示した自然史・歴史博物館が新規整備された。自然史ゾーンでは、全長約35メートルのセイスモサウルスなど約20体の恐竜などの骨格標本が100メートルの回廊に並び、太古の北九州を再現したジオラマのエンバイラマ館などがある。歴史ゾーンでは、弥生時代の竪穴式住居や昭和30年代の社宅を再現した探究館、先史時代から近代までの資料やジオラマ、映像で紹介したテーマ館がある。

福岡市博物館　福岡市早良区百道浜

既設の福岡市立歴史資料館が狭隘となったため、1989（平成元）年に福岡市早良区百道浜一帯で開催されたアジア太平洋博覧会のテーマ館を改装し、90（平成2）年に地域の歴史と民俗を研究・展示する博物館として開館した。福岡はユーラシア大陸と朝鮮半島に近接していることから、古来より最も早く大陸文化にふれて生産や経済活動を発展させており、これらの歴史や時代ごとの産物を中心に展示している。特徴的な資料は、漢倭奴国王印（金印）や民謡黒田節にも謡われている天下三名槍の「日本号」など、博多・福岡と関連した歴史的資料、板付遺跡、鴻臚館などで発掘された遺物を中心に時代順に展示している。旧福岡藩主黒田家伝来所蔵品のうち武具類や古文書などは福岡市美術館から移管され、現代の収蔵品では現存する日本最古の国産自動車で機械遺産のアロー号を動態保存するなど、アジアとの人・物・文化の交流が育んだ歴史と人々の暮らしを発信している。

マリンワールド海の中道　福岡市東区大字西戸崎

1989（平成元）年に国営海の中道海浜公園の文化リゾートエリアに開館した。設置者は建設省（当時）で、株式会社海の中道海洋生態科学館が営業契約して管理運営を行ってきた。89年は当初計画の半分規模で残りは95（平成7）年に増築しグランドオープンした。2016（平成28）年までは「対馬暖流」をテーマに熱帯から温帯、寒帯の水族を中心に展示し、マリンサイエンスラボ、アクアライブショーなどの教育的なアトラクションを中心にメディア、情報機器を使った教育活動も特色であった。この他、西日本地区では最大級のイルカ・アシカショー水槽や巨大なシロワニが泳ぐパノラマ大水槽があり、1994（平成6）年に博多湾に座礁漂着した世界初のメスのメガマウスザメのホルマリン標本が展示されている。2017（平成29）年に館内の内装などを中心にリニューアル工事を行い、テーマも「九州の海」に変更して、南西諸島、日向灘、豊後水道、玄海灘、有明海などの水域ごとに特徴のある生物や環境を展示している。

九州大学総合研究博物館　福岡市東区箱崎

1996（平成8）年に第1回九州大学ユニバーシティ・ミュージアム設置準備委員会を開催し、その後市内各所の博物館や公共施設を展示会場に「倭人の形成」「普賢岳の噴火とその背景」「寄生虫学の展開と医の文化」などを開催して大学博物館の整備を進め、2000（平成12）年に箱崎キャンパスの工学部校舎を活用して九州大学内の共同教育研究施設として開館した。学術標本の収蔵・保存、展示・公開・調査・分析し、それらに関する研究教育の支援も行い学内外の研究教育活動に寄与することを目標としている。九州大学では人文・社会科学や自然科学に関する標本や資料を多数収蔵する。それらの保存管理や学術情報の抽出、展示公開などには標本の特性に応じ大学の研究内容に合った独自の方法として、研究教育支援事業を一次資料研究系・分析技術開発系・開示研究系の三つに整理している。

福岡県青少年科学館　久留米市東櫛原町

1990（平成2）年に開設され、福岡県教育文化奨学財団が運営している。展示は地学、生命の進化、視覚実験、コンピュータ、生物の体、乗り物、物理、宇宙、その他オブジェの9ジャンルに分かれ、コスモシアターと呼ばれる円形ドームはプラネタリウムとして活用されている。空気中に放電を行える放電実験ステージ、産業用ロボットモートマンを使用したお絵かきロボット、巨大なコースをボールが転がり回るダイナミックワーカーと呼ばれる力学実験施設、流れる水の力を使って動くオブジェもある。市町村、教育機関、教育関係団体が実施する科学普及関連事業へ職員を派遣する出前事業、社会教育関係職員、教員などの学校教育関係と科学教育の普及振興に寄与する者への指導者支援事業にも取り組んでいる。

大牟田市石炭産業科学館　大牟田市岬町

1995（平成7）年に開設された石炭を中心としたエネルギー資源に関する科学館。大牟田市にはかつてわが国最大の三池炭鉱があり、石炭は近代日本の発展をエネルギー面から支えた。このため市内には、三池炭鉱宮原坑、三池炭鉱専用鉄道敷跡、三池港など数多くの三池炭鉱関連施設が残されている。館の展示では、これらの歴史の紹介も含めて、46億年前の地球誕生から石炭の創世紀までさかのぼりながら、三池で石炭が発見された15世紀から現代まで、江戸中期の炭山経営に始まり、明治、大正、昭和、平成へと、日本一の炭鉱の街として栄えた大牟田の石炭を取り巻く人と技術の進歩を知ることができる。炭鉱を支えた巨大な機械も展示され、坑内作業の迫力が体験できる。2015（平成27）年に大牟田市の三池炭鉱万田坑跡をはじめとして、熊本県荒尾市の近代化遺産や関連施設が世界文化遺産として登録された。

宗像大社神宝館　宗像市田島

1954（昭和29）年から71（昭和46）年までの三次にわたる沖ノ島の発掘調査を受けて80（昭和55）年に竣工した博物館である。沖ノ島から発見された、銅鏡、武器、工具、装身具、馬具、金属製雛形品、滑石製品、土器、貝製品など約8万点の出土神宝は全て国宝に指定され、4世紀後半から約

550年にわたって執り行われた大規模な祭祀は、わが国の形成期より仏教伝来を経て今日の社殿祭祀へと変遷する過程を示す唯一のもので、古代におけるわが国の対外交渉を反映している。宗像大社は、式内社で日本各地に7千余ある宗像神社、厳島神社、および宗像三女神を祀る神社の総本社である。2017（平成29）年に「神宿る島」宗像・沖ノ島と関連遺産群の構成資産の一つとして、世界文化遺産に登録された。

九州歴史資料館　小郡市三沢

1973（昭和48）年に県初の公営歴史博物館として開館した。その後建物の老朽化や保管庫が限界を迎え、また隣接地に九州国立博物館が開館することから、2003（平成15）年に移転再整備のための委員会が設立され、小郡市三沢の小郡市埋蔵文化財センターの隣側に移転地を決定、10（平成22）年に開館した。大宰府史跡の発掘調査をはじめとして多角的な調査や研究を進め、隣接する大宰府の発掘調査や各地の仏像の調査、県内の遺跡出土品の展示を行っている。展示室ではこれまでの調査研究成果を反映する貴重な文化財を公開し、回廊式の屋外動線からはガラス張りとなった学芸活動が見学できる特色ある建築物になっている。小郡市には多くの遺跡が所在し、館の建物は県指定史跡の三沢遺跡に隣接している。

福岡市科学館　福岡市中央区六本松

福岡市立少年科学文化会館の老朽化に伴い、九州大学六本松キャンパス跡地に商業施設「六本松４２１」との複合施設内に建設され2017（平成29）年に開館した。3階はエントランスと企画展示室、5階がメインの基本展示室で、6階にプラネタリウムや多目的に利用できるサイエンスホールがある。4階の実験室や交流室では、市民や子どもたちが実験や工作の体験活動ができる。これらの展示や施設での体験を通じ、科学への興味・探究心の向上と創造力が育まれる。人と人が交流し人が育つ工夫に取り組むことで、自由かつ自発的な学習を支援し、福岡の人および資源との連携を行い、将来を担う人材の育成、市民の文化教養の向上への寄与を目的としている。

大牟田市立三池カルタ・歴史資料館　大牟田市宝坂町

1991（平成3）年に開館、大牟田の郷土の歴史資料の展示や、日本古来のカルタだけではなく海外のタロットやトランプなど多種多様な1万点を超える資料を収集している。カルタは16世紀末頃、福岡県筑後の三池地方でつくり始められたといわれており、同館では、大牟田市を語る上で欠かせない三池藩立花家にまつわる歴史資料や、太古にさかのぼる貴重な出土品など古代から近代に至るまでの郷土の歴史資料も常設展示している。

福岡市動植物園　福岡市中央区南公園

1933（昭和8）年に御大典記念福岡市動植物園として東公園に設置され、53（昭和28）年に平尾南公園に移転し浄水場跡地は植物園として開園した。2018（平成30）年、動物園が約110種、植物園が約2,600種を有している。老朽化した動物園を中心に20年で段階的に飼育展示や施設の更新を、30（令和12）年頃を目途に進めている。旭山動物園などの行動展示を参考に、動物園と植物園を一体化させて飼育場や展示方法を整備し、生息地別単位に五つの展示エリア（アジア熱帯の渓谷、アフリカの草原、日本の自然、動物行動･環境への適応、バードガーデン）に区分する計画である。1995（平成7）年にツシマヤマネコを保全繁殖する飼育舎が完成した。より楽しく動物に詳しくなれる情報や体験を提供する動物情報館「ズーラボ」も整備された。

大牟田市動物園　大牟田市昭和町

1941（昭和16）年に延命動物園として開業し、56（昭和28）年に大牟田市動物園に名称変更した。4万4千平方メートルの敷地内に55種271点の動物が展示されている。地方の小規模動物園は経営環境が厳しく動物の安定的な入手も困難なことから、園の方針を大きく変え、動物が精神的にも肉体的にも健康で環境と調和している「動物福祉を伝える動物園」というコンセプトの下、日々動物たちの生活の質の向上に取り組んでいる。その実現に向けた園の二本柱が「環境エンリッチメント」と「ハズバンダリートレーニング」で、動物の遊具や給餌方法などの環境を豊かにした飼育展示や、動物に負担のない治療、動物の自然な行動を引き出して見せるなど、動物福祉に配慮したさまざまな活動が今後の動物園の在り方として注目されている。

到津の森公園　北九州市小倉北区上到津

前身の到津遊園は1932（昭和7）年に開園したが、経営不振で2000（平成12）年に閉園した。しかし、1937（昭和12）年から始めた、子どもたちの健康と情操教育に役立ててきた林間学園の活動もあり、52団体、計26万人から存続要望の声が北九州市を動かして市の所管となった。園の基本理念は「市民と自然を結ぶ窓口」とし、展示動物の生息環境を草原・林床・樹冠のゾーンに分け、空間の棲み分けなどを自然に近いかたちに再現し。その中で動物を飼育することで自然環境の素晴らしさや自然の多様性、動物と自然との関係が理解できる展示を行っている。この他、マダガスカルの世界、ふれあい動物園、バードケージ、郷土を意識したゾーンなどもある。運営への市民参加が重視されており、動物の里親としてエサ代を支援、公園の運営全体を支援する「友の会」「到津の森公園基金」などのさまざまなサポーター制度がある。

立花家史料館　柳川市新外町

1951（昭和26）年に御花歴史資料館が発足し、柳川藩主立花邸「御花」の邸内で大名道具の展示を行っていた。94（平成6）年に文化財展示により適した施設として「御花史料館」が開館、2011（平成23）年に「立花家史料館」と名称変更した。江戸時代を通じて柳川を治めた大名、立花家に伝来する歴史的な美術工芸品を中心に、国宝1点、重要文化財1点の他、約5千点の調度から構成されている。これらは藩祖立花宗茂以来、400年の長い時間をかけて形成され、連綿と受け継がれてきた貴重な資料群となっている。

白秋記念館　柳川市沖端町

北原白秋の詩歌の母体となった柳川は、立花12万石の城下町として歴史ある有明海に面した水郷である。詩聖北原白秋の遺品や柳川の歴史と人々の暮らしに関する資料を保存し展示公開するため1985（昭和60）年の白秋生誕百年を記念して白秋生家内にオープンした。記念館の外観は「なまこ壁」の土蔵造りで、白秋の詩業の紹介と、柳川の中世以降の、歴史、民俗、祭り、伝統工芸など数々の民俗資料を紹介している。北原白秋の生家では母屋に附属していた隠居部屋も復元されている。

福岡市文学館（ふくおかしぶんがくかん）　福岡市早良区百道浜

福岡市総合図書館が実施する文学館事業で2003（平成15）年に設置された。福岡にゆかりの文学資料を収集、整理、保存、調査、研究、展示し、閲覧（一部貸し出し）に供している。また、市民向けの文学講座や福岡市総合図書館1階ギャラリーで常設展示、毎年秋に企画展示を開催している。北原白秋（きたはらはくしゅう）、五木寛之（いつきひろゆき）、斎藤茂吉（さいとうもきち）、檀一雄（だんかずお）、火野葦平（ひのあしへい）、松本清張（まつもとせいちょう）、村上龍（むらかみりゅう）、与謝野鉄幹（よさのてっかん）など、福岡にゆかりの作家26人の作品が検索閲覧できる。

名　字

〈難読名字クイズ〉
①鵤／②独活山／③円垣内／④諧／⑤巫部／⑥沓脱／⑦熊懐／⑧許斐／⑨瀑布川／⑩吸山／⑪豊丹生／⑫枌／⑬馬男木／⑭京都／⑮矢野東

◆地域の特徴

福岡県で最も多い名字は、他の西日本各地と同じ田中で、しかも2位以下を大きく引き離している。2位には九州に多い中村が入り、3位が再び西日本に共通の井上。続く4位は北九州独特の古賀で、5位が西日本を代表する名字の山本と、西日本と九州の特徴を合わせたようなランキングになっている。これは、福岡県には九州全体から人が集まって来ていることを示している。

このうち、古賀は柳川・大川両市を中心に、福岡南部から佐賀県の小城市付近にかけて非常に多い名字で、作曲家の古賀政男や、平成の三四郎といわれた柔道の古賀稔彦選手なども福岡出身。8位松尾、10位山口なども北九州に多い名字。

14位中島の読み方は「なかじま」と「なかしま」に分かれる。全国的には「なかじま」と濁ることが多いが、九州・山口地区では「なかしま」と濁らない人が多い。もちろん、ルーツや名字の意味に違いはなく、福岡出身の「な

名字ランキング（上位40位）

1	田中	11	松本	21	石橋	31	柴田
2	中村	12	山下	22	村上	32	平田
3	井上	13	山田	23	原	33	前田
4	古賀	14	中島	24	山崎	34	堤
5	山本	15	伊藤	25	中野	35	後藤
6	吉田	16	森	26	木村	36	福田
7	佐藤	17	原田	27	坂本	37	佐々木
8	松尾	18	池田	28	橋本	38	吉村
9	渡辺	19	林	29	野田	39	小林
10	山口	20	宮崎	30	高橋	40	矢野

かしま」さんも、東京などに出ると「なかじま」と名乗っていることが多い。このランキングでも読みの清濁の違いは同じとしているので、14位は「なかしま」「なかじま」両方合わせた順位である。

ベスト40のなかで、いかにも福岡県らしい名字は21位の石橋。他県でもみられるが、実数では福岡県と千葉県、人口比では、福岡・佐賀・島根の3県に多い。とくに筑後地方に集中しており、島根県の出雲地区とならんで、全国有数の石橋さんの集中地帯となっている。有名なところでは、ブリヂストンの創業者石橋正二郎が久留米の出身。ブリヂストンという社名は、「石＝ストーン」「橋＝ブリッジ」をつなげて、逆転させたものである。

41位以下では56位花田が目立つが、花田は青森県にも多く、福岡県独特というわけではない。なお、44位の「河野」は「かわの」。九州では「こうの」よりも「かわの」の方が多い。緒方、馬場、徳永、井手など、佐賀県や熊本県と共通する名字も多い。

101位以下でも大庭は静岡県、重松と城戸は愛媛県にも多く、福岡県独特の名字というわけでもない。福岡県を中心に分布している名字としては、牛島、有吉、松藤、野見山、八尋（やひろ）、白水（しろうず）、香月（かつき）などがある。とくに野見山と八尋は全国の7割以上が福岡県在住である。

白水は地域によって読み方が違う。激しく集中している春日市を中心に、県北部では圧倒的に「しろうず」だが、県南部から佐賀県にかけての地域では「しらみず」が多い。同じ佐賀県でも厳木町に集中している「白水」は「しろみず」である。さらに、北海道では「しろず」とも読む。

この他、永松、安武（やすたけ）、藤（とう）、猿渡（さるわたり）、梅崎、牟田、中園、安河内（やすこうち）なども福岡県独特の名字である。

このなかでは安河内の集中率が高い。全国ランキングは3,000位台というメジャーな名字だが、実にその8割は福岡県にある。県内でも粕屋町で最多となっているのを中心に福岡市東区から宇美町の間に集中している。

安武も全国の半数が福岡県にあり、県内では古賀市から福岡市東部にかけて多い。

●地域による違い

福岡市付近には県内のみならず九州全体から人が集まって来ているため特徴が少ない。宗像市の権田（ごんだ）や、春日市の白水、筑紫野市の鬼木、八尋、前原市の波多江、福津市の占部（うらべ）、須恵町の合屋（ごうや）、志免町の権丈（けんじょう）、粕屋町の長（ちょう）などが目立つ。とくに波多江は、全国ランキングで4,000位以内という比較的メジャーな名字にもかかわらず、全国の4分の3が福岡県にあり、県内の6割弱が前原市に集中しているという一点集中型の名字である。権丈も全国の3分の2近くが志免町にある。

県南部の筑後地区は佐賀県や熊本県と共通する名字が多く、柳川市と大川市では古賀が最多。とくに大川市では人口の9%近い。みやま市では松尾、うきは市では佐藤が最多となっている。特徴的な名字には、久留米市の執行（しぎょう）、渋田、津留崎、富松、豊福、大牟田市の奥園（おくぞの）、猿渡、末藤（すえふじ）、蓮尾、柳川市の梅崎、甲斐田、椛島（かばしま）、三小田（さんこだ）、藤丸、八女市の牛島、橋爪、室園、大川市の岡、酒見（さけみ）、水落、うきは市の国武、広川町の丸山、高田町の永江、瀬高町の紫牟田（しむた）、黒木町の月足などがある。なお、月足は「つきあし」「つきたり」の2つの読み方がある。

県北部も特徴は少ないが、北九州市若松区では大庭が最多となっているほか、旧津屋崎町（福津市）では花田が一番多かった。特徴的な名字には芦屋町の安高（あたか）、遠賀町の舛添などがある。

県東部の豊前地区では豊前市では渡辺、築上町では井上が最多となっているが、全体的には大分県北部と共通する名字も多い。また、進（しん）、末松が広く分布しているほか、行橋市の屏（へい）、豊前市の内丸、尾家、上毛町の秋吉、吉富町の矢頭（やず）などが独特。

● 読み方の分かれる名字

県内には読み方の分かれる名字が多い。その代表が熊谷である。熊谷は埼玉県熊谷をルーツとし、全国ランキングでも156位に入るメジャーな名字。全国的には圧倒的多数が「くまがい」と読み、関東では地名に倣って1割前後が「くまがや」とも読む。ところが、県内では約4割が「くまがえ」である。とくに、朝倉市付近では圧倒的に「くまがえ」が多い。

藤も、他県ではほとんどが「ふじ」と読むが、県内では8割以上が「とう」。平安時代、菅原家は菅（かん）家、大江家は江（ごう）家など、姓を漢字1字に省略することがあった。藤原家は藤（とう）家といったことから、県内に多い藤（とう）は藤原一族の流れを汲むと考えられる。

馬田も他県ではほとんどが「うまだ」であるのに対し、全国一馬田の多い福岡県では9割近くが「まだ」と読む。なお、この名字、東京や長崎では「ばだ」とも読む。

神谷の場合は、全国の9割以上が「かみや」と読み、関西を中心に「かみたに」もある、という分布だが、岡垣町付近には「こうや」という独特の読み方が集中している。

一方、県外ではあまりみられない武末や待鳥といった福岡独特の名字も、その読み方が分かれている。武末が集中している柳川市大和町では圧倒的に「たけまつ」だが、他の地区では「たけすえ」。県全体では「たけすえ」がやや多い。待鳥も筑後地区に集中している名字で「まちどり」が多いが、柳川市では「まちどり」と「まつどり」に読み方が分かれている。

また、高口や合原も、9割以上は「こうぐち」「ごうばる」と読むが、1割弱は「たかぐち」「あいはら」であるなど、同じ漢字に違う読み方をする名字が多いのも特徴である。

逆に漢字が分かれるのが「つるた」で、全体の9割は鶴田と書くものの、県内には靏田、霍田、寉田などもある。

●海人アヅミ一族とその末裔

古代、今の福岡県を本拠としたアヅミ氏という氏族がいた。政治の表舞台には立たなかったため知名度は低いが重要な氏族で、漢字は安曇か阿曇と書くことが多い。本居宣長が海人を掌握するという意味の「海人つ持」(アマツモチ) が語源であるとしているように、アヅミ一族は海に関わる人たちを掌握した氏族であった。

アヅミ氏のルーツは福岡市東部から新宮町あたりにかけてとされ、このあたりにはかつて阿曇郷という地名もあった。博多湾にある志賀島の志賀海神社は、アヅミ一族の守護神である綿津見(わたつみ)三神が祭られ、現在でも宮司は阿曇さんが務めている。

アヅミ一族は、北九州に栄えた古代王朝が畿内の大和政権と結びついた時、摂津国西成郡 (大阪市) に本拠を移したらしく、そこは安曇江という地名となった。そして、ここを拠点として、今度は全国の海人たちを統括したとみられている。

このことからもわかるように、アヅミ一族は多くの地名を残した。現在では「アヅミ」に関係する名字は少ないが、長野県の安曇野、滋賀県の安曇川(あどがわ)など、各地にアヅミ関係の地名が残っている。それだけ、「アヅミ」一族の勢力が大きかったということであろう。

7世紀になるとアヅミ一族は外交分野に活躍した。というのも、もともと漁撈を本職とし海産物を朝廷に納めていたアヅミ一族は、有事の際には水軍に徴用されたからだ。やがて、その航海技術を生かして、外交にも乗り出すようになった。なかでも百済との交渉にあたった阿曇比羅夫が有名。

8世紀になって朝鮮半島との外交交渉が少なくなると、アヅミ一族は天皇家の食事全般を担当する内膳司という部署に転じて活躍したが、平安時代初期に安曇継成が失脚して佐渡に流され、以後安曇氏は没落した。

● 古代豪族大蔵氏とその子孫

古代北九州には渡来人系の氏族である大蔵一族がいた。応神天皇の時代に、中国の後漢の霊帝の子孫という阿知使主が大陸から一族を率いてやって来たのが祖という。この子孫は漢氏と呼ばれ、大和政権内で大きな勢力を持った。一族の数も多く、平安時代初めに征夷大将軍となった坂上田村麻呂も末裔。このうち、朝廷の大蔵に仕えた一族が大蔵氏となり、のち太宰府の官人となって九州に土着したのが祖である。

子孫は福岡県に広がったが、なかでも著名なのが筑前国原田（前原市）発祥の原田氏と、筑前国秋月（朝倉市）がルーツの秋月氏である。秋月氏は戦国時代まで秋月の大名として活躍したのち、江戸時代は日向高鍋藩の藩主となった。原田氏の一族高橋氏は戦国時代にいったん断絶、豊後の大友氏の一族が跡を継いだことから、以後は大友氏の庶流となった。

◆福岡県ならではの名字

◎香月

福岡県を代表する名字の一つで、直方市から田川郡にかけて多い。小狭田彦の末裔という。筑前国遠賀郡香月荘（北九州市八幡西区）がルーツ。畑城に拠る。平安末期は平氏に従い、承久の乱では上皇方についた。戦国時代は大内氏に従う。江戸時代は大庄屋となった。

◎許斐

全国の6割が福岡県にある。筑前国宗像郡の許斐山（福岡県宗像市）に由来し、現在も福岡市から宗像市にかけて多い。

◎白水

筑前国那珂郡白水荘（春日市）がルーツで、現在も春日市を中心に福岡市周辺に集中している。なお、福岡県南部から佐賀県にかけてでは「しらみず」、佐賀県唐津市の旧厳木町では「しろみず」、北海道では「しろず」と読む。

◎武末(たけすえ)

須玖村武末名（春日市）がルーツで、春日市では南北朝時代から武末氏がいたことが知られている。現在でも春日市を中心に福岡市などに多い。なお、柳川市に集中している武末は「たけまつ」と読む。

◎則松(のりまつ)

全国の6割以上が福岡県に集中している。県内では広く分布しているが、朝倉市や築上町に多い。筑前国遠賀郡則松村（北九州市八幡西区）がルーツか。

◎待鳥(まちどり)

筑後地方に集中しており、とくに柳川市に集中している。なお、柳川市では「まちどり」と「まつどり」に分かれるが、その他では「まちどり」が多い。県全体では7割が「まちどり」である。

◎松延(まつのぶ)

全国の4割以上が福岡県にあり、八女市に集中している。筑前国朝倉郡松延村（筑前町）がルーツで、南北朝時代に松延氏がいたことが知られている。また、筑後国八女郡兼松村（八女市立花町）には柳川藩御用商人を務めた松延家があり、同家住宅は国指定重要文化財である。

◎真弓(まゆみ)

筑後の真弓氏は孝霊天皇の末裔という。後醍醐天皇の時に広有が紫宸殿の怪鳥を射たことで「真弓」の名字を賜ったと伝える。その後、懐良親王に従って筑後に下向した。現在は大牟田市に多い。なお、三重県には伊勢国飯高郡真弓御厨（三重県松阪市）をルーツとする真弓がある。

◎水城(みずき)

水城とは、外敵を防ぐために堤を築いて、前面に水をたたえた堀のこと。とくに、天智天皇3（664）年に大宰府防衛のために設けられたものを指す。同地は地名ともなっており、ここをルーツとする名字。現在も福岡県独特の名字で、全国の6割以上が福岡県にある。とくに朝倉市と、うきは市に多い。

◆福岡県にルーツのある名字

◎蒲池(かまち)

筑後の蒲地氏は三潴(みずま)郡蒲池（柳川市蒲池）がルーツで宇都宮氏の一族。代々大友氏に属した。関ヶ原合戦では西軍に属して没落、江戸時代は福岡藩士となった。

◎少弐（しょうに）

福岡県の中世に栄えた名族の名字。藤原北家秀郷流で武藤頼平の子資頼が祖。資頼は源平合戦では平家方に属して三浦義澄に捕らわれたが、故実に明るいことから許され、御家人に取り立てられた。そして、建久年間に大宰少弐となって九州に下り、以後代々世襲したことから少弐氏を称した。

◎立花（たちばな）

柳川藩主の立花家は筑前国宗像郡立花（糟屋郡新宮町立花）がルーツ。藤原北家秀郷流で、大友貞宗の三男貞載が立花山城に拠って立花氏を称したのが祖。宗茂の時に豊臣秀吉に仕えて、筑後柳川で13万2,000石を領した。関ヶ原合戦では西軍に属し、慶長8（1603）年陸奥棚倉1万石に減転。その後、3万石に加増され、元和6（1620）年柳川10万9,600石に復帰した。維新後は伯爵となる。

◎波多江（はたえ）

筑前国志摩郡波多江（前原市波多江）がルーツで、原田氏の一族。鎌倉初期、種貞が波多江村に住んで波多江氏を称した。南北朝時代は南朝に属し、戦国時代は初め大友氏、のち原田氏に従う。

◎宗像（むなかた）

筑前国宗像郡をルーツとする名字。同地には海を本拠とした古代豪族胸肩氏があり、宗像氏とも書いた。のち宗像神社大宮司となる。初代大宮司の清氏は宇多天皇の皇子という伝承もあるが、実在したかどうかも不明。鎌倉時代には御家人に列して武家としても活躍、南北朝時代は北朝に属し、室町時代以降は大内氏に従った。天正14（1586）年第80代氏貞の死で断絶した。

◎門司（もじ）

豊前の名家。現在の北九州市門司区は「もじ」と読むが、門司氏は本来「もんじ」と読んだ。鎌倉時代にこの地域の官僚として下向した藤原氏の一族を祖とするものである。

◆珍しい名字

◎巫部（かんなぎべ）

雄略天皇の難病を平癒したことで、巫部の姓を賜ったという。江戸時代にはいったん佐野となったが、明治以降に再び巫部に戻している。

◎香茸（こうたけ）

飯塚市の香茸家は、江戸時代参勤交代途中の熊本藩主に香りのいい茸料理を出したところ、藩主から「香茸」という名字を賜ったという。香茸は松茸以上に風味がよく、幻のキノコといわれている。

◎瀬知（せち）

福岡市付近にある。もともとは「瀬を知る」という意味で、「せしり」とも読み、水先案内人を務めた家だという。

◎瀑布川（たきがわ）

福岡市付近にある名字。瀑布とは、『日本国語大辞典』には「高い所から白い布を垂らしたように、直下する水の流れ」とあり、滝のことである。滝川という名字から、「滝」を同じ意味の「瀑布」に変えたものだろう。

◎不老（ふろう）

太宰府市天満宮の職である「不老太夫」に由来する名字。現在でも太宰府市付近に集中している。

◎京都（みやこ）

北九州市などにある京都という名字は、「きょうと」ではなく「みやこ」と読む。これは、県東部の京都（みやこ）郡という地名に由来する。ここは、本来は都郡と書いたが、奈良時代に国郡名は漢字2文字にする、という決まりが出来たために京都に変えたもの。ちなみに京都と書いて「きょうと」と読む名字は実在しない。

◎問註所（もんちゅうじょ）

柳川市にある問註所は、鎌倉時代の幕府の職名に由来する。鎌倉幕府の訴訟関係を扱う役所である問注所の執事は、三善康信の子孫が代々世襲したため、問註所を名字とした。室町時代に筑後国に下向して土着し、以後同地の土豪となった。江戸時代は柳河藩士となり、幕末には柳河藩の中老も務めている。なお、役職としては問注所と書くことが多い。

〈難読名字クイズ解答〉

①いかるが／②うどやま／③えんがうち／④かのう／⑤かんなぎべ／⑥くつぬぎ／⑦くまだき／⑧このみ／⑨たきがわ／⑩のみやま／⑪ぶにゅう／⑫へぎ／⑬まなぎ／⑭みやこ／⑮やのと

II

食の文化編

米 / 雑穀

地域の歴史的特徴

紀元前350年頃には、朝鮮半島から農耕文化が伝わり、玄界灘沿岸の平野部で水稲栽培が開始されていたことが福岡市の板付遺跡の発掘などで判明している。紀元前300年頃には、水田を伴う環濠集落が成立していたことも板付遺跡や有田遺跡（ともに福岡市）の発掘などで明らかになっている。

1601（慶長6）年、黒田長政が福岡城（別名舞鶴城）を築き城下町を開いた。福岡は黒田長政ゆかりの豊前福岡に由来する。住みよい幸福な岡の意味である。江戸時代の1697（元禄10）年には、筑前福岡藩士の宮崎安貞が日本初の農学書である『農業全書』を刊行した。同書は、全11巻から成り、九州を中心に西日本の農業の状態を調査、研究して農事、農法を詳述している。第2巻「五穀之類」では、稲、麦、小麦、蕎麦（そば）、粟、黍（きび）、蜀黍（もろこし）、稗（ひえ）、大豆、赤小豆など19章に分けている。

1871（明治4）年には、廃藩置県に先立って福岡藩が福岡県になった。同年、福岡ほか7県を福岡（旧筑前国）、三潴（みずま）（旧筑後国）、小倉（旧豊前国）の3県に統合した。1876（明治9）年には、福岡県、小倉県（旧宇佐郡、下毛郡を除く）、三潴県を統合し、ほぼ現在の福岡県域が確定した。

コメの概況

福岡県の品目別農業産出額ではコメが、2位のイチゴを大きく離しトップである。福岡県のコメの農業産出額は、熊本県をやや上回り、九州・沖縄8県で1位である。

水稲の作付面積の全国順位は14位、収穫量は15位である。収穫量の多い市町村は、①久留米市、②柳川市、③朝倉市、④糸島市、⑤みやま市、⑥飯塚市、⑦八女市、⑧北九州市、⑨みやこ町、⑩筑前町の順で、南部に広がる筑紫平野での稲作が盛んである。県内におけるシェアは、久留米市

10.3%、柳川市5.6%、朝倉市5.4%、糸島市5.0%、みやま市4.9%などで、県内全市町で広く収穫されている。

福岡県における水稲の作付比率は、うるち米96.1%、もち米2.6%、醸造用米1.4%である。作付面積の全国シェアと順位をみると、うるち米は2.5%で順位が13位、もち米は1.6%で16位、醸造用米は2.4%で11位である。

筑紫平野では、稲刈り取り後の田で、二毛作として小麦や二条大麦などを栽培している。

知っておきたいコメの品種

うるち米

(必須銘柄) 元気つくし、コシヒカリ、つくしろまん、にこまる、ヒノヒカリ、ミルキークイーン、夢つくし
(選択銘柄) ツクシホマレ、つやおとめ、姫ごのみ、実りつくし、夢一献(いっこん)、レイホウ

うるち米の作付面積を品種別にみると、「夢つくし」(41.5%) と、「ヒノヒカリ」(35.1%) が双璧で、「元気つくし」(17.6%) が続いている。これら3品種が全体の94.2%を占めている。

- **夢つくし**　福岡県が「キヌヒカリ」と「コシヒカリ」を交配して育成した。県内産「夢つくし」の食味ランキングは2016 (平成28) 年産で初めて特Aに輝いた。
- **ヒノヒカリ**　収穫時期は10月上旬～中旬である。県内産「ヒノヒカリ」の食味ランキングは2016 (平成28) 年産で特Aに返り咲いた。
- **元気つくし**　福岡県が「つくしろまん」と「つくし早生」を交配して育成した。暑さに強い品種として開発し、2009 (平成21) 年にデビューした。名前には「暑さに強く元気に育つ、おいしいお米」「食べる人に元気を与える、おいしいお米」の意味を込めている。2015 (平成27) 年産の1等米比率は88.0%だった。県内産「元気つくし」の食味ランキングは特Aだった年もあるが、2016 (平成28) 年産はAだった。

もち米

(必須銘柄) ヒヨクモチ

（選択銘柄）なし

もち米の作付品種は全量が「ヒヨクモチ」である。

醸造用米

（必須銘柄）山田錦

（選択銘柄）雄町、吟のさと、壽限無

醸造用米の作付面積の品種別比率は、「山田錦」が72.0%、「夢一献」が28.0%である。

- **夢一献**　福岡県が「北陸160号」と「夢つくし」を交配して2003（平成15）年に育成した。

知っておきたい雑穀

❶小麦

小麦の作付面積、収穫量の全国順位はともに北海道に次いで2位である。栽培品種は「シロガネコムギ」「チクゴイズミ」「ミナミノカオリ」などである。産地は分散しており、作付面積が広いのは①柳川市（シェア18.4%）、②久留米市（16.3%）、③みやま市（7.5%）、④筑前町（7.3%）、⑤朝倉市（7.0%）、⑥うきは市（4.2%）、⑦筑後市（4.0%）の順である。収穫時期は5月末～6月10日頃である。

❷ラー麦

福岡県農林業総合試験場がラーメン用の小麦として開発した国産の小麦である。コシが強く、ゆで伸びしにくいといった細めんに合った特性を備えている。福岡県が商標登録し、2009（平成21）年に販売を開始した。県内の農家が限定生産している。

❸二条大麦

二条大麦の作付面積の全国シェアは15.7%で、佐賀県、栃木県に次いで3位である。収穫量シェアは13.2%で栃木県、佐賀県に次いでやはり3位である。栽培品種は「はるしずく」「ニシノホシ」「ほうしゅん」「しゅんれい」「はるみやび」などである。産地は分散しており、作付面積が広いのは①みやま市（シェア13.6%）、②筑前町（10.2%）、③筑後市（9.2%）、④糸島市（8.1%）、⑤朝倉市（6.8%）の順である。収穫時期は5月中旬～下旬である。

❹はだか麦

はだか麦の作付面積の全国順位は5位、収穫量は4位である。市町村別の作付面積の順位は①筑紫野市（シェア33.9%）、②久留米市（26.7%）、③福岡市（22.1%）、④糸島市（6.1%）、⑤筑後市（1.6%）で、上位3市が県全体の8割強を占めている。

❺ハトムギ

ハトムギの作付面積の全国順位は7位、収穫量は6位である。主な栽培品種は「あきしずく」で県内作付面積の90.1%を占め、これに続く「とりいずみ」は9.9%である。統計によると、福岡県でハトムギを栽培しているのは久留米市だけである。

❻そば

そばの作付面積の全国順位は37位、収穫量は奈良県と並んで40位である。産地は豊前市、朝倉市、うきは市などである。

❼大豆

大豆の作付面積の全国順位は4位、収穫量は5位である。主産地は柳川市、久留米市、みやま市、筑前町、朝倉市などである。栽培品種は「フクユタカ」「キヨミドリ」などである。

❽小豆

小豆の作付面積の全国順位は山梨県と並んで26位である。収穫量の全国順位は29位である。主産地は宗像市、久留米市、大刀洗町、うきは市などである。

コメ・雑穀関連施設

- **裂田の溝**（さくたのうなで）（那珂川町）　那珂川町は、福岡平野の西側を北流して博多湾にそそぐ那珂川の上流に位置している。裂田の溝は同町山田の一の井出から取水する延長5kmの人工水路である。受益地一帯はかなりの農地が残り、7集落の150haの水田を潤している。1200年以上前の開削とされるが、今も現役の水路として地域に貢献している。
- **山田堰**（やまだせき）（朝倉市）　筑後川中流域に立地する山田堰は、大小の石を水流に対して斜めに敷き詰めることで、川の勢いを抑えながら用水路に導水する珍しい石畳堰である。江戸時代中期の1790（寛政2）年に古賀百工（こがひゃくこう）が築造した。生態系への影響が小さく、大型機材がなくてもつくれる特徴がある。江戸時代の技術はアフガニスタンでも応用されている。

- **堀川用水と三連水車**（朝倉市） 山田堰から導水している農業用水路の堀川用水は、一部で地盤の高い地点があり、流水を利用した自動回転式の重連水車を設置して揚水量を確保している。三連水車と二連水車は現在も使われており、日本最古の実働しているかんがい用の水車である。堀川の延長は11 km に及び、650 ha の水田を潤している。
- **柳川の掘割**（柳川市） 市内には掘割（水路）が網の目のように走っており、総延長は930 km に及ぶ。柳川地域はもともと湿地帯だった土地に、掘割を掘ることによって、土地の水はけを良くし、掘割を巡らせることで水を確保した。掘割の水は、八女市矢部村に源流がある矢部川を本流としいくつかの支流を通って流れてくる。水は農業だけでなく、生活用水としても使われた。こうした水利体系は江戸時代初期の1600（慶長5）年の田中吉政公時代に整備された。
- **蒲池山ため池**（みやま市） 1717（享保2）年に、柳河藩の水利土木、田尻惣馬が延べ7万6,000人を動員して完成させた。みやま市山川町と高田町の一部の地区の農地147 ha を潤し、稲作を中心とした地域の農業に欠かせない施設である。ため池の上流では、5月下旬～6月上旬にカケテゲンジボタルが乱舞する。

コメ・雑穀の特色ある料理

- **ウナギのせいろ蒸し**（柳川市） たれを付けて焼いたウナギを味付けしたご飯にのせて竹皮で包み、あつあつになるまでせいろで蒸してつくる。ウナギは有明海と矢部川の水が交じり合った汽水域に棲息する。1863（文久3）年、柳川出身の本吉七郎衛が、江戸で人気のウナギの蒲焼に興味をもち、この調理法を開発した。
- **柿の葉ずし**（飯塚市、朝倉市） 甘辛く煮付けた鶏、ニンジン、シイタケ、ゴボウなどをすし飯（めし）に混ぜて小さく握り、上に酢じめした魚やデンブをのせて柿の葉でくるむ。それを木箱に詰めて重しをかけてつくる。秋のおくんちのごちそうである。
- **明太子（めんたいこ）おむすび**（福岡市） 明太子のめんたいは、朝鮮語でスケソウダラである。すなわち、からし明太子はスケソウダラの卵巣（タラコ）を塩漬けして唐がらしの入った調味液に漬け込んでつくる。終戦後、福岡市で販売され、土産品として知られるようになった。これを具に入れたおにぎりである。

- **ヒシとキノコの炊き込みご飯**（柳川市）　ヒシはヒシ科の植物で、夏に白い花を付ける。実は斜め四角で突起がある。ひし型はヒシの実が語源である。キノコとともに炊き込みご飯にすると、秋らしい独特の風味が楽しめる。ヒシはサラダの材料にもなり、実は羊羹、まんじゅう、クッキーなどにも使われる。

コメと伝統文化の例

- **松尾山のお田植祭**（上毛町）　修験道最大の祭りである松会行事のうち、田行事が継承されたものである。松尾山三社神社の神前で、稲作の所作を演じる田行事、まさかりやなぎなたを使った刀行事などが演じられ、五穀豊穣などを祈る。開催日は毎年4月19日に近い日曜日。
- **おしろい祭り**（朝倉市）　収穫した新米の白い粉をおしろいのように参拝者たちの顔に塗って翌年の豊作を願う行事で、300年以上続いている。おしろいがつくほど、豊作とされる。会場は朝倉市杷木大山の大山祇神社。同神社は女の神様を祭るとされ、その神様が化粧をすることを意味する。開催日は毎年12月2日。
- **博多おくんち**（福岡市）　博多区の櫛田神社で行われる秋の実りに感謝する行事で、約1200年の伝統がある。牛車にひかれたみこしや、立烏帽子などをかぶった子どもたちによる稚児行列を含めた御神幸パレードが櫛田神社から出発し博多の中心街を一巡する。開催日は毎年10月23、24日。
- **泥打祭り**（朝倉市）　江戸時代から阿蘇神社で続く伝統の行事である。酔った白装束の代宮司に、子どもたちが泥を投げ付け、汚れ具合でその年の農作物の作柄を占う。代宮司は氏子の中からくじ引きで選ばれる。約500m離れた道祖神まで歩く間、12人の子どもたちが沿道に用意された泥を投げつける。開催日は毎年3月の第4日曜日。
- **祈年御田祭**（添田町）　英彦山神宮の春の神事である。境内に設けた仮田で、くわ入れ、うね切り、あぜ切り、種まきなど田植えまでの所作を執り行う。参拝者は、種まきでまかれるもみや、苗を持ち帰って苗代にまき、五穀豊穣を祈る。飯載では、氏子が妊婦に扮し、はんぎりを頭にのせて参拝者に白飯を配る。開催日は毎年3月15日。

こなもの

博多ラーメン

地域の特色

九州の北部に位置する県で、北西部は日本海、北東部は瀬戸内海、南西部は有明海に面し、魚介類に恵まれている地域である。中央部に筑紫山地があり、北部に福岡平野・直方平野・南西部に筑紫平野が広がっている。かつての筑前・筑後の2つの国と豊前国の一部である。

県庁所在地の福岡市は福岡県北西部、博多湾に臨む位置にある。古くから港町として栄え、近世は黒田氏の52万石の城下町であった。福岡市の一部である博多は、朝鮮半島・中国大陸との交通や交易の要衝であった。平野部は肥沃な土壌で、稲作ばかりでなく、小麦や大麦の栽培が行われている。対馬暖流の影響で、温暖であるが、日本海側の冬は季節風が厳しい。

古くから、東アジアとの交流の拠点であったから、文化の面では中国、朝鮮半島の影響もうけている。江戸時代には福岡藩、久留米藩、柳川藩、小倉藩などに分かれていて、それぞれが独特の文化をもっていた。

食の歴史と文化

肥沃な平地に恵まれているので、平地の8割は稲作である。栽培品種の半数は「コシヒカリ」で、次に「夢つくし」の栽培量が多い。小麦、大麦、大豆などの生産量も多い。特産の「あまおう」という品種のイチゴ、「博多ナス」（長ナス）は関東地方でも人気である。八女茶の由来は、室町時代前期の応永13（1406）年に、出羽（山形）の国の周瑞禅師が、筑紫の八女鹿子尾村（黒木町）に霊厳寺を建立するときに、この地に茶種を持ち込んで栽培したといわれている。

博多の郷土料理や名産は魚料理をはじめ種類が多い。特徴のあるものには「ウナギの蒸籠蒸し」「辛子明太子」「シロウオの踊り食い」などがある。こなもの系の代表には「鶏卵素麺」「博多ラーメン」がある。鶏卵素麺は、麺類ではなく江戸時代前期から氷砂糖に鶏卵を溶かし、素麺のような模様をした菓子である。ラーメンは、地方や店によって特徴がある。博多ラーメンの基本的な特徴は、豚骨スープのラーメンである。昭和30年頃に誕生したものであるが、同じ博多の店でもだしのとり方や材料が同一ではないようである。

知っておきたい郷土料理

だんご・まんじゅう類

①へこやしだご

小麦粉に黒砂糖を加えて、軟らかく溶く。鉄鍋に菜種油をひき、杓子1杯をたらして焼く。具を入れないお好み焼き風のだんごに似ている。温かいうちに食べるのがコツ。

②手のはらだご

田植え時のおやつとして作るだんご。「手のひら」の大きさでべたべたとするのが、「手のはら」の名の由来といわれている。

作り方は、小麦粉に水を加えてだんごの硬さに捏(こ)ねる。これを適当な大きさにちぎって手のひらにとり、ぺたぺたとし、手のひらの大きさに作る。これを熱湯の中に入れて、浮き上がったら掬い、黒砂糖入りの黄な粉をつけて食べる。

③二度まんじゅう

柳川市地域では、3月15日は「つつぼだこ」といって、田圃の仕事の安全を祈って、干してある籾殻の米の粉「つつぼ」でだんごを作る日である。この時に、うるち米の粉、もち米、小麦粉で作るまんじゅうを「二度まんじゅう」という。まんじゅうの生地には小豆餡を入れる。生地にはヨモギを入れることもある。

④さんきらまんじゅう

旧暦の5月の節句のために、サンキラ（山帰来＝サルトリイバラ）の葉を摘み、この葉でまんじゅうの両面に挟んで蒸す。餡には小豆や栗を使い、甘味は黒砂糖でつける。

さんきらまんじゅうは、8月の盆、9月1日の月おくれの「八朔さんの日」（農家では豊作祈願・予祝などの行事に贈り物をする）の時にも作る。

お焼き・焼きおやつ・お好み焼き・たこ焼き類

①ふな焼き

小麦粉に水を加えてどろどろの生地にする。これを、炒り鍋やフライパンで薄い皮に焼く。黒砂糖や味噌を挟んで食べる。

麺類の特色　博多はうどん処といわれている。博多駅の近くには「饂飩蕎麦発祥の碑」がある。博多の麺は軟らかいのが特徴で、やさしい弾力がある。だしは透き通っている。だしには羅臼コンブ、イリコ（煮干し）を使う。

めんの郷土料理

①丸天うどん

博多名物の円形のさつま揚げを入れたうどん。

②ごぼう天うどん

ささがきゴボウの天ぷらを入れたうどん。

③たらいうどん

博多湾の中央に浮かぶ能古島（のこのしま）でつくる「能古うどん」と軟らかい細めんを一緒に盛り合わせたうどん。コシの強い能古めんと、細めんの軟らかい食感を楽しむ。能古島が発祥の食べ方といわれている。

④博多ラーメン

昭和30年頃、久留米に誕生したのが博多ラーメンの始まりであるとの説がある。スープに特徴がある。豚骨を高熱で長時間煮出して、骨のなかのうま味成分をスープ内に溶出する濃厚なスープである。

▶ 米に次ぐ農業産出額を誇るイチゴの主力は「あまおう」

くだもの

地勢と気候

九州北部の福岡県は、県北部が玄界灘、響灘、周防灘、南西部が有明海に面している。筑紫山地、耳納山地などの山地をぬって遠賀川、筑後川、矢部川、山国川などが流れ、これら河川の流域に平野が広がり、盆地も形成している。

気候は北部海沿い地域と内陸部で異なる。日本海側に位置する福岡、北九州地方は冬季には大陸からの寒気の影響を受け日本海側の気候である。筑後平野を中心とする内陸平野部は三方を山に囲まれており、内陸型気候である。筑豊盆地は、気温の日較差や年較差の大きい盆地特有の気候である。

知っておきたい果物

イチゴ

イチゴの作付面積、収穫量の全国順位は、ともに1位の栃木県に次いで2位である。福岡県の農業産出額は、イチゴが米に次いで2位であり、イチゴは農業経済で重要な役割を果たしている。

全国的にみても、イチゴは栃木県に次いで収穫量が多く、全国シェアは10.5%である。福岡イチゴの主力は「あまおう」である。2005（平成17）年に「福岡S6号」として品種登録した。「赤い、丸い、大きい、うまい」ということで、その頭文字をとって命名した。特に、大きさはこれまでの品種より20%程度大きい。「赤い宝石」の異名をもつ。高級果実としてアジアを中心に海外でも一定のブランド力をもっている。

イチゴの主産地は久留米市、広川町、糸島市、大川市、筑後市、八女市などである。出荷時期は10月下旬～6月上旬頃である。

キウイ

キウイの栽培面積、収穫量の全国順位は、ともに1位の愛媛県に次いで2位である。栽培品種は「ヘイワード」が中心である。主産地は八女市を中心に、みやま市、うきは市などである。出荷時期は

10月上旬～11月上旬、11月下旬～４月中旬頃である。

カキ　カキの栽培面積、収穫量の全国順位はともに３位である。栽培品種は「富有」「松本早生富有」などである。主産地は朝倉市、うきは市、久留米市などである。「富有」の出荷時期は10月下旬～２月中旬頃である。

ギンナン　ギンナンの栽培面積の全国順位は６位、収穫量は３位である。主産地は朝倉市、うきは市、飯塚市などである。

イチジク　イチジクの栽培面積の全国順位は２位、収穫量は４位である。栽培品種は「桝井ドーフィン」「蓬莱柿（ほうらいし）」が多かったが、近年は福岡県が育成した新品種「とよみつひめ」の栽培面積が広がっている。主産地は行橋市、朝倉市、柳川市、岡垣町、久留米市などである。出荷時期は６月中旬～７月上旬と、７月下旬～10月上旬頃である。

ブドウ　ブドウの栽培面積の全国順位は６位、収穫量は５位である。栽培品種は「巨峰」を中心に、「ピオーネ」「デラウェア」などである。主産地はうきは市、久留米市、八女市などである。出荷時期は「巨峰」が５月下旬～７月下旬、「デラウェア」が５月上旬～下旬頃である。

岡垣町では、「巨峰」の肥料や消毒に漢方薬を用いた「漢方巨峰」を生産している。

ヒュウガナツ　ヒュウガナツの栽培面積の全国順位は５位、収穫量は６位である。主産地は新宮町、古賀市、宗像市などである。収穫時期は１月上旬～４月下旬頃である。

マンゴー　マンゴーの栽培面積の全国順位、収穫量の全国順位はともに６位である。主産地は久留米市、広川町、柳川市などである。収穫時期は７月～８月頃である。

サンショウ　サンショウの栽培面積の全国順位は奈良県と並んで６位である。収穫量の全国順位も10位である。主産地は東峰村などである。

オリーブ　オリーブの栽培面積の全国順位は８位、収穫量は６位である。主産地はうきは市などである。収穫時期は９月下旬～12月下旬頃である。

スモモ　スモモの栽培面積の全国順位は９位、収穫量は７位である。主産地はみやま市、黒木町、朝倉市などである。出荷時期は５

月中旬～7月下旬頃である。

ブンタン　ブンタンの栽培面積の全国順位は7位、収穫量は12位である。主産地は新宮町、宗像市、福津市などである。出荷時期は2月下旬～4月上旬頃である。

日本ナシ　日本ナシの栽培面積の全国順位は9位、収穫量は8位である。栽培品種は「幸水」「豊水」「新高」などの赤ナシが中心である。主産地は朝倉市、筑後市、八女市、うきは市などである。「幸水」の出荷時期7月上旬～8月中旬頃である。

ミカン　ミカンの栽培面積の全国順位は、愛知県と並んで8位である。収穫量の全国順位は9位である。栽培品種は「宮川早生」を中心に、「上野早生」「興津早生」「青島温州」などである。主産地は八女市、みやま市、大牟田市などである。出荷時期は極早生ミカンが9月下旬～11月上旬、早生ミカンが10月下旬～12月下旬頃である。

カリン　カリンの栽培面積の全国順位は神奈川県と並んで9位である。収穫量の全国順位も9位である。主産地はうきは市などである。収穫時期は10月～11月頃である。

ナツミカン　ナツミカンの栽培面積の全国順位は10位、収穫量の全国順位は9位である。主産地は糸島市、福岡市、朝倉市などである。甘夏の出荷時期は2月上旬～5月上旬頃である。

ウメ　ウメの栽培面積の全国順位は12位、収穫量の全国順位は10位である。産地は八女市を中心に、飯塚市、みやこ町などである。

桃　桃の栽培面積の全国順位は12位である。収穫量の全国順位は青森県と並んで10位である。主産地はうきは市、行橋市、朝倉市、広川町などである。出荷時期は5月中旬～6月下旬頃である。

ユズ　ユズの栽培面積、収穫量の全国順位はともに10位である。主産地は上毛町、八女市、東峰村などである。収穫時期は10月～12月頃である。

ビワ　ビワの栽培面積の全国順位は10位、収穫量は11位である。栽培品種は「茂木」「湯川」「田中」「つぐも」などである。主産地は岡垣町などである。岡垣町の山間地では、100年以上前からビワが栽培され、「高倉びわ」として福岡市や北九州市の市場に出荷されている。施設栽培ものは3月から、露地ものは5月頃から収穫される。岡垣町商工会は、「高倉びわ」の葉だけを使った「高倉びわ茶」を製造、販売している。

リンゴ リンゴの栽培面積の全国順位は、神奈川県と並んで12位である。収穫量の全国順位は20位である。栽培品種は「千秋」「王林」「ふじ」などである。主産地はみやこ町などである。収穫時期は9月下旬～11月中旬頃頃である。

ハッサク ハッサクの栽培面積の全国順位は13位、収穫量は12位である。主産地は八女市、うきは市、那珂川町などである。

清見 清見の栽培面積の全国順位は11位、収穫量は13位である。主産地は糸島市などである。出荷時期は3月上旬～5月上旬頃である。

不知火 不知火の栽培面積の全国順位は15位、収穫量は14位である。主産地は八女市、古賀市、新宮町などである。収穫時期は12月上旬～4月下旬頃である。

ポンカン ポンカンの栽培面積の全国順位は16位、収穫量は15位である。主産地は新宮町、八女市、糸島市などである。出荷時期は12月上旬～2月上旬頃である。

スイカ スイカの作付面積、収穫量の全国順位はともに18位である。主産地は北九州市、福岡市、福津市、志摩町などである。

ブルーベリー ブルーベリーの栽培面積の全国順位は山形県と並んで18位である。収穫量の全国順位は12位である。主産地は久留米市、八女市、北九州市などである。収穫時期は6月中旬～7月中旬頃である。

クリ クリの栽培面積の全国順位は18位、収穫量は20位である。産地は豊前市などである。

レモン レモンの栽培面積の全国順位、収穫量の全国順位はともに22位である。主産地は宗像市、糸島市、新宮町などである。収穫時期は12月上旬～4月下旬頃である。

アマクサ アマクサの栽培面積の全国順位は3位である。収穫量の全国順位も6位である。主産地は糸島市、福岡市、宗像市などである。出荷時期は1月上旬～2月上旬頃である。

アンコール アンコールの栽培面積、収穫量の全国順位はともに愛媛県、大分県に次いで3位である。主産地は糸島市などである。出荷時期は3月上旬～4月上旬頃である。

スイートスプリング スイートスプリングの栽培面積、収穫量の全国順位はともに6位である。主産地は八女市、新宮町、宗像市などである。

セトカ セトカの栽培面積の全国順位は15位、収穫量は14位である。主産地は糸島市、宗像市、豊前市などである。出荷時期は2月中旬～4月下旬頃である。

ダイダイ ダイダイの栽培面積の全国順位は5位、収穫量は3位である。主産地は古賀市、宗像市、新宮町などである。

ナツミ ナツミの栽培面積の全国順位は6位、収穫量は5位である。主産地はみやま市、宗像市、豊前市などである。出荷時期は4月下旬～6月下旬頃である。

ネーブルオレンジ ネーブルオレンジの栽培面積の全国順位は8位、収穫量は9位である。主産地は福岡市、古賀市、新宮町などである。出荷時期は12月下旬～1月下旬頃である。

ハルカ ハルカの栽培面積の全国順位は7位、収穫量は11位である。主産地は新宮町、糸島市、豊前市などである。収穫時期は2月中旬～5月中旬頃である。

ハルミ ハルミの栽培面積の全国順位は鹿児島県と並んで9位である。収穫量の全国順位は10位である。主産地は豊前市、宗像市、八女市などである。出荷時期は2月中旬～4月下旬頃である。

ハレヒメ ハレヒメの栽培面積の全国順位は5位、収穫量は4位である。主産地は八女市、宗像市、豊前市などである。出荷時期は12月上旬～1月下旬頃である。

カノシズク 果のしずくとも書く。農林統計によると、主な産地は福岡県だけである。栽培面積は0.5ha、収穫量は2.0トンである。主産地は宗像市、八女市、みやま市などである。

キズ 福岡では酢ミカンともいう。農林統計によると、主な生産地は福岡県だけである。主産地は筑前町、新宮町、添田町などである。

地元が提案する食べ方の例

ぎんなんご飯（JA直鞍）

米に、殻と渋皮を取ったギンナン、塩を合わせて炊飯器で炊く。分量は米５合にギンナン1/2カップ程度。法事や、家に人が集まるときの伝統食の一つ。

梅の甘酢漬け（JA 筑前あさくら）

一年中お茶受けになる保存食。塩水に漬けた後、３日３晩干して、ウメ、塩でもんだシソ、砂糖を交互に重ね、ウメが隠れる程度に酢をそそぐ。２～３か月でできあがり。

栗の渋皮煮（JA たがわ）

クリの渋皮を傷つけないように鬼皮をはぎ、火にかける。沸騰して５分後に炭酸を加え、30分程度火を止め、クリのわたやすじを洗い流す工程を三度繰り返す。甘く煮て冷蔵庫に保管。

柿ぷりん（JA グループ福岡）

皮をむいて小さくカットした完熟カキと牛乳を２対１の割合でミキサーに入れ、なめらかになるまでかくはんしピューレにする。容器に入れて冷蔵庫で固める。ゼラチンは要らない。

ハッサクとタコのマリネ（JA グループ福岡）

材料はハッサク、タコ、カイワレ、ラディッシュ、オリーブスライス、オリーブ油。ハッサクは薄皮をむいて果肉を取り出して使う。むく際に出た果汁はマリネ液に。

消費者向け取り組み

- リンゴ狩り　宮小路果樹組合、嘉麻市

魚 食

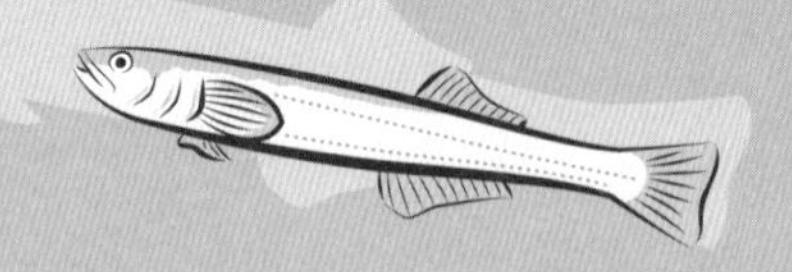

地域の特性

五島列島は東シナ海に位置する5つの大きい島（中通島、若松島、奈留島、久賀島、福江島）と200以上の属島からなる。外洋は荒々しいが、島々によってつくられる内海は磯魚に恵まれている。北は響灘・玄界灘、北東は周防灘、南西は有明海に面している。対馬暖流の影響で気候全体に温暖である。・響灘・玄界灘には日本海側の冬の曇天と季節風の影響を受ける海域もある。筑紫川は有明海に注ぎ、山林由来の成分が、有明海に生息している魚介類の栄養成分となっている。

魚食の歴史と文化

佐賀県と福岡県に広がる有明海は、干満の差が大きく、広い潟には個性豊なムツゴロウ、ウミタケ、ワラスなど、この干潟特有の魚介類が生息している。福岡県は大和朝廷が西日本統治の根拠地として、律令（刑法や行政法を施行する基本法典）が政治支配の基本として独自の役割を担った律令時代（7世紀半ばから10世紀頃まで。狭義には奈良時代）に大宰府（筑前国に置かれた地方官庁）を置いたことから、畿内（山城・大和・河内・摂津・和泉）では食味文化に細かく心遣いしたため、現在の家庭料理にもその影響が残っているといわれている。福岡の大きな祭りには「博多どんたく」（5月2～4日）や小倉祇園祭り（7月10日）がある。この祭りに特別に用意する料理はないようだが、季節の食材を使った料理を楽しんでいる。例えば、博多どんたくの季節にはカツオの旬なのでカツオを賞味する住民もいるようである。小倉祇園祭りは1602（慶長7）年に小倉城を築城し、1617（元和3）年に祇園神社（八坂神社）を建立して、城下町の繁栄を祈願した祭りであった。この祭りには夏に漁獲される小型のマダイを使った「小平家」という握りずしを作る。

知っておきたい伝統食品・郷土料理

地域の魚介類

福岡県が面している有明海や島原湾ではサバ類、アジ類、イワシ類、イカ類、イサキ、ブリ、マダイ、ヒラメ、ケンサキイカ、エビ類などが獲れる。春にはボラ、コウナゴ、エツ、スズメダイ、室見川を遡上するシロウオなども美味しくなる。夏には玄界灘のマダイ、有明海のムツゴロウが美味しくなる。シャコも美味しい。秋が近づくとシタビラメが出回り、秋にはハゼ科のワラスボも手に入りやすくなる。秋から冬にかけてマイワシ・アラ・メバル・ゴマサバなどが出回る。福岡県南西部の有明海に面する柳川は筑紫川と矢部川に挟まれて水郷の町として知られているが、ウナギが獲れ、柳川風の蒲焼きが有名である。

伝統食品・郷土料理

①シロウオ料理

シロウオはハゼ科の6cmほどの硬骨魚。岸近くの藻場の中層で群泳し、プランクトンを食べている。春の満潮時に海から川に入り、小石の周囲で産卵する。孵化した稚魚は海へ戻る。

- シロウオの踊り食い　福岡・室見川では、5月頃に遡上するシロウオを四手網で漁獲する。この地域での「シラウオの踊り食い」は有名である。
- その他の食べ方　三杯酢かおろし和え。

②マダイ料理

- あぶってかも　春から夏に壱岐・対馬沖で獲れるマダイの10cmほどのものはスズメダイといわれている。脂がのっていて食べごろである。これを焙って頭から食べる。内臓はそのまま残して、丸干にし、焼いて食べる。焼くと香ばしい匂いがただよう。博多の名物料理。
- 小平家　小倉祇園祭りに作る小ダイの握りずし。ただし、すし飯の代わりに麻の実、キクラゲの細く切ったものをおからに混ぜ、砂糖を加え、カボスの絞り汁をかけたものを使う。
- たい茶漬け　荒海の玄界灘で獲れたマダイの刺身を、温かいご飯にのせ、醤油・味醂・ゴマ・卵黄・焼き海苔・ワサビなどで調味し、熱いお茶をかけて2～3分蒸らしてから食べる。
- タイの石浜焼き　博多湾の志賀島（しかのしま）に古くから伝わる石浜焼き。小石を敷いた鍋に、タイを置き、クルマエビ・カニ・サザエと一緒に蒸し焼きにし、ポン酢にネギ・もみじおろし・しょうが・ワサビを薬味として賞味する。

③ボラ料理

- ぬた　3～4月の料理。骨をはずし、拍子切りにしたダイコンといっしょに、塩・酢を使って締め、酢味噌で和える。

④海藻料理

- おきゅうと　博多湾から山陰沖で獲れるエゴノリの煮汁を寒天のように固めたもの。第二次大戦前は、博多では売り歩く業者がいた。

⑤エツ料理

エツはカタクチイワシ科の20～30cmの魚で、有明海の湾奥部とこれに注ぐ河川の下流域に棲む。成魚は6～7月頃筑後川を遡上する。エツ料理は筑後川流域の名物であり、成魚を漁獲する刺し網や流し網は、筑後川の初夏の風物詩。刺身・天ぷら・塩焼き・煮つけ・から揚げ・南蛮漬けなどで食べる。

- 塩辛　白子・卵巣・胃袋を材料として作る。

⑥シャコ料理

茹でたシャコを二杯酢でオヤツ代わりに食べる。そのまま殻を剥いても食べる。

⑦シタビラメ料理

クツゾコの呼び名がある。刺身や煮つけで食べる。

⑧ワラスボ料理

塩茹でしてから骨を抜き、干物にする。

⑨ゴマサバ・イワシ料理

- 代表的郷土料理　糠味噌炊き。小倉の名物料理。
- サバの糠味噌漬け　脂ののっている日本海の秋サバは、醤油・酒・味醂・砂糖の調味液で煮込み、鍋のおろし際に糠味噌を入れる。味噌の働きでサバの臭みが消え、糠によりアクが除くことができる。小倉地方の家庭料理。サバの糠味噌焼きともいう。
- いわしのちり鍋　玄界灘などで獲れた新鮮なイワシと野菜、豆腐を使ったちり鍋。煮えすぎないうちに、好みのだし汁に薬味を添えたものをつけて賞味する。

- **ゴマサバのお茶漬け**　鮮度のよいゴマサバを薄めに切って、白ゴマと醤油で和える。細切りした海苔とワサビを添え、惣菜や酒の肴とする。またご飯の上にのせ、お茶漬けにする。

⑩ウナギの料理・ドジョウ料理

- **ウナギのせいろ蒸し**　柳川地方のウナギ料理。1863（文久3）年に、本吉七郎兵衛が、江戸の蒲焼きにヒントをえて考案したといわれている。ご飯にタレをかけてから蒸し、金糸卵をのせたものである。
- **ウナギの刺身**　柳川の田主丸町にある料理。皮を剥いで片身を熱湯にくぐらせ、身肉が白くなったら取り出し食べやすい大きさに切る。皮も別に茹でておく。
- **ドジョウの柳川鍋**　笹がきゴボウを敷いた浅い底の土鍋に、一煮立ちしたドジョウを並べ、溶き卵と三つ葉でとじる。
- **その他**　ウナギの燻製などがある。

⑪貝類・その他

- **アゲマキの食べ方**　三杯酢などにつけて食べる。
- **メカジャ・イソギンチャク（ワケの別名がある）**　味噌焼き、醤油焼き、から揚げなど。柳川地方で食べる。
- **アラ・メバル料理**　秋から冬にかけて旬。「アラ鍋」の具、煮つけなど。
- **フグ・マサバ・ブリ・アジ**　冬の玄界灘で獲れるこれらの魚は絶品である。

▼福岡市の１世帯当たりの食肉購入量の変化（g）

年度	生鮮肉	牛肉	豚肉	鶏肉	その他の肉
2001	47,575	11,516	14,721	16,792	2,303
2006	46,748	9,687	15,700	16,387	2,504
2011	46,031	7,218	17,481	17,034	1,706

福岡県は、古くから東アジアの交流の拠点であり、九州の政治・経済・文化として栄えていたので、食文化も外国の文化や風習の影響を受けたものも多い。博多ラーメンのスープの豚骨など肉系のスープは、日本の代表的「だし」のかつお節や昆布を使ったものとは違う。ラーメンのスープだけからみても、福岡には肉を使った独特の文化が存在していると推察できる。

九州は、日本の南西部に位置するため中国、東南アジア、西欧の文化の入り口となり、日本の本州とは違った食文化がある。福岡県は、食品のブランド作りが上手な地域といわれている。博多ラーメン、明太子、鶏料理の水炊きは代表的福岡の名産品となっている。明太子の会社の経営方法は通販システムのオリジナルであるといわれていることからも、福岡県民は商品の販促の上手なところであると推測している。

2001年度、2006年度、2011年度の福岡市の１世帯当たりの生鮮肉の購入量も、牛肉、豚肉、鶏肉の購入量も他の地域に比べれば多い。ただし2011年度の各食肉の購入量は、この年に発生したブタの口蹄病、トリインフルエンザの影響が関係していると思われる。

全国的にみても、2011年度の食肉の購入量は減少している。2001年度の3分の1の地域もある。このことは家畜家禽類の感染症の発症が関係していたと推測できる。

九州地区のその他の肉の購入量は、他の地区の2倍ほどある。ジビエ類の他に利用している食肉の種類は分からない。熊本県や福岡県では馬肉を食べるので、これがその他に含まれている。

凡例　生鮮肉、牛肉、豚肉、鶏肉の購入量の出所は総理府発行の「家計調査」による

2011年度の生鮮肉の購入量に対する牛肉の購入量の割合が2001年度の21.4%から15.6%まで低下したのは、2010年度の家畜の感染症の発症と関係がある。生鮮肉の購入量に対し豚肉や鶏肉の購入量の割合は、3割程度であった。2011年度は、豚肉、鶏肉の購入量の割合は37～38%で、他の地区の購入量より多くなっている。

知っておきたい牛肉と郷土料理

銘柄牛の種類　小倉牛、福岡牛、博多和牛、糸島牛、筑穂牛（嘉穂牛）、筑前あさくらの牛などがある。最も人気があるのは小倉牛である。

❶小倉牛（こくらぎゅう）

北九州が生んだ最高の傑作牛なので、福岡県の銘柄牛のなかでは、最も人気がある。生後8～10か月から約20か月の間、丁寧に飼育した黒毛和種である。なかでも品質の日本食肉格付検査基準がA-4、B-4以上の枝肉だけが小倉牛の肉として流通される。飼育にあたっては、生産者は指定された飼料を与え、健康状態、病気の予防に細心の注意をしている。小倉牛は、JA北九州が商標法に基づいて商標権を所有している。また、販売は、北九州市内の認定された店でのみ販売している。

❷福岡和牛（福岡牛）

福岡県内で8か月以上肥育され、JAS法では福岡県産に限る交雑種または乳用種。美味しい牛肉を気軽に食べたいというニーズにこたえるために開発した、リーズナブルな価格で購入できる美味しいウシ。肉質の特徴は、美しい霜降りできめ細かい。肉本来のうま味があり、軟らかい。

❸博多和牛

福岡県内の博多和牛生産者として登録された農家のみが大切に飼育した黒毛和種。福岡県の豊かな自然の環境の中で、健康管理を心掛けて飼育しているウシである。特徴として福岡県内産の稲わらを主食とした良質な飼料を与えていることである。トウモロコシ、麦、ふすま、大豆などの食物繊維の多い飼料も与え、軟らかいジューシーな肉質を作り上げている。トウモロコシや大豆を与えることによりたんぱく質も摂取できるので、良質な肉質をつくりあげるには必須の飼料となっている。

❹筑穂牛（ちくほぎゅう）

筑穂町内の限られた農家だけが飼育している黒毛和種。肉質の特徴は甘く、軟らかい。

❺糸島牛

糸島では肉用の黒毛和種の子牛も生産し、繁殖農家は生まれてから約20か月間、体調の管理をしながら丁寧に飼育している。ゆったりとした糸島の環境でストレスを与えずに飼育している。

❻筑前あさくらの牛

JA筑前あさくら管内で生産、販売されているウシで、乳用種、交雑種がある。地産地消を目的として生後から24か月以内もゆっくりと飼育している。地産地消を目的で飼育されたウシの肉であるから、生産者の顔が見える肉といえる。

牛肉料理

- **もつ鍋**　第二次世界大戦後、福岡・博多においてアルミ鍋で考案された醤油味のホルモン鍋が、もつ鍋のルーツと伝えられている。ホルモンとしてウシの内臓が使われた。東京に博多風のもつ鍋店がオープンしたのが、1992年である。東京はブタの内臓を使った。最近の福岡のもつ鍋はニラ、キャベツなどの野菜も入れ、醤油味と味噌味がある。食べ終わったら最後にちゃんぽん麺を入れることもある。
- **田川ホルモン鍋**　ブタのホルモンかウシのホルモンかは明確ではないが、1950年代に炭鉱で栄えた田川の炭鉱夫が鍋の代わりに、セメント袋を鍋の代わりにしてもつ鍋を作ったことに由来する。四角い独特な形状の鍋で作る。ホルモンを炒めて、もやしやキャベツ、玉ねぎ、にらなどのたっぷりの野菜と豆腐などを入れて蒸し焼きにする。野菜から出る水分で調理する。閉山した今も庶民の味として愛されている。
- **焼肉・ステーキ・しゃぶしゃぶ・牛タン**　牛肉のよく知られている料理の店は多い。とくに焼肉、牛タンの炭火焼の店は人気のようである。
- **肉うどん**　北九州市、戦後の食糧難に、屠畜場で捨てられていたウシの頭をもらい、そのほほ肉を活用して作ったのが始まりといわれている。ほほ肉や牛すじを甘辛くとろとろに煮て使う。大盛りは“肉肉うどん”とよぶ。ゆず胡椒を入れても美味しい。

- **牛肉とゴボウの柳川風**　鍋に調味料を入れ、この中に水さらししたささがきゴボウと牛肉（ロース）を入れて、甘辛く煮込み、最後に溶き卵でとじる。江戸時代のドジョウ料理の柳川鍋に由来するといわれている。名前の由来は大相撲の柳川信行、または福岡の駅名の柳川にあるといわれている。

知っておきたい豚肉と郷土料理

銘柄豚の種類

❶博多すい～とん

大ヨークシャー種×ランドレース種×デュロック種の交雑種の三元豚。茶粉末を混ぜて生産者が指定した配合飼料で飼育している。肉質は臭みがなく、きめ細かで、風味がよい。

❷国産もち豚

もち豚は全国各地で独自の特徴のあるものを生産している。福岡のもち豚は、安心のできる系統のハイコープ SPF 豚である。乳酸菌も投与するなど健康管理を十分に行っているブタであり、肉質の特徴は、豚肉本来のうま味があり、ジューシーである。

❸一貴山豚と糸島豚

自然豊かな糸島市の「いきさん牧場」で飼育しているブタ。JA 糸島が出荷しているブタが「糸島豚」、一貴山（いきさん）の麓で飼育しているのが「一貴山豚」である。いきさん牧場のオーナーは精肉でも販売しているが、ハム・ソーセージに加工し、あるいはスパイスのきいたアイスバイン、味噌漬けに加工して販売している。

豚肉料理

- **もつ鍋**　第二世界大戦後に発祥した「もつ鍋」は、すき焼きをアレンジしたといわれている。ウシの内臓も使うが、ブタの内臓も使う。たっぷりのキャベツとニラを入れ、最後にちゃんぽん麺をスープに入れる。醤油味と味噌味がある。
- **博多ラーメン**　博多ラーメンの特徴は、スープの材料に豚骨を使い、長時間煮出し、白色混濁状態のスープにすることである。また、焼き豚肉のチャーシューは各店により独自の作り方をして提供している。煮出し汁は、豚骨だけでなく、煮干し、かつ節や昆布などで調製するのも各店独自の方法による。

- **焼きうどん** 豚肉、キャベツ、ネギなどと一緒に茹でたうどんを炒めたもので、福岡が発祥であるらしい。
- **洋風かつ丼** 大牟田市の特製ソースをかけたかつ丼。
- **一口餃子** 昭和20年代（1950年ごろ）に歓楽街の中州で誕生したといわれている。サイズが小さいので、お酒のつまみやラーメンのサイドメニューとして注文される。パリパリもちもちの皮の中に肉や野菜の旨みが詰まっている。
- **久留米ラーメン** 久留米市を中心に食べられている豚骨スープとストレート麺が特徴。トッピングには豚肉のチャーシューも入れる。

知っておきたい鶏肉と郷土料理

❶はかた地どり

軍鶏（しゃも）とイノシン酸含量の多い肉質の「サザナミ」の交配種に、白色プリマスロックを交配した地鶏ある。肉質の特徴は噛むほどにうま味が口腔内に広がり、きめ細かい組織をもっている。

❷華味鳥（はなみどり）

白色コーニッシュと白色ロックの交配種。開放鶏舎、平飼いで育てている。海藻やハーブなどのエキスを含む華味鳥専用の餌を与えて飼育している。

❸華味鳥（はなみどり）レッド90

レッドブロという品種。餌に鶏専用のヨモギ粉末を加える。70日間開放鶏舎に、平飼いで育てる。トリゼングループ生産部が生産している。

❹はかた一番どり

横斑プリマスロックと白色ロックの交配種に白色ロックを交配した銘柄鶏である。肉質の特徴は、ブロイラーに比べうま味成分が多く含み、軟らかく、鶏肉特有の臭みも少ない。はかた一番どり推進協議会が生産に関係している。

- **水炊き（博多煮）** 1643（寛永20）年の『料理物語』の汁の部で、南蛮料理の名で鶏の水炊きが記載されている。この記載によると、鶏のほかにダイコンを入れて煮込み、鶏肉もダイコンも小さく切って食べたようである。博多を中心に九州地方で食べる、鶏の鍋料理の一種。現在の博多の水炊きは鶏肉とキャベツなどの野菜を使うものが主流となっている。関西地方の水炊きでは、白菜、ネギ、水菜などが使われている。博多も関西も水炊きが終わったあとの汁にうどんを入れたり、ご飯を入れて残りの汁の味を食べるのも水炊きの味の一つである。博多の名物料理が水炊きであることは、水炊きを提供する店の多いことからもわかる。

知っておきたいその他の肉と郷土料理・ジビエ料理

福岡県も野生の鳥獣類による農産物や水産物の被害が深刻化し、行政機関や猟友会が中心となり捕獲、駆除をし、被害防止を計画しているが、適正な方法が見当たらない。そこで、捕獲したイノシシやシカの食料への応用を研究するために「ふくおかジビエ研究会」が設立された。ジビエ料理は人気レストランの料理として提案されているが、なかなか広まらないのが現実である。

- **馬肉**　福岡県内には馬肉料理を提供する料理店が20店以上もある。九州地方での馬肉の食べる地域としては熊本がよく知られているが、福岡の人々のなかには福岡の馬肉料理を自慢する人が多い。福岡県内で国産馬肉を取り扱っている精肉店の三原精肉店は、創業してから45年の間営業している専門店であり、刺身用の馬肉を取り扱っている。ブロック状の馬肉を花びら状に並べた馬刺しも販売している。200g が1,000円以上の価格である。
- **刺し身・すし種**　生の新鮮な馬肉は刺身だけでなく、すし店でも刺身・握りずしのすし種としても賞味できる。
- **味飯（鯨）**　玄海島(げんかいじま)では「くじら飯」という。皮のついているクジラの脂肪組織の部分を小さく切り、これをささがきゴボウと一緒に醤油と酒で煮込み、白いご飯にまぜたもの。

▼福岡市の 1 世帯当たり年間鶏肉・鶏卵購入量

種　類	生鮮肉（g）	鶏肉（g）	やきとり（円）	鶏卵（g）
2000 年	49,953	16,626	1,355	31,290
2005 年	47,323	15,900	1,136	26,643
2010 年	46,440	17,391	1,597	27,310

福岡市は北は響灘・玄界灘、北東は周防灘、南西は有明海に面し、珍しい魚介類やフグのような高級魚などの豊富な地域である。平野も多く、コメや野菜の栽培にも適している。物流システムが速くなったので、福岡の果物や野菜は関東の市場へ空輸されるようになった。

福岡の名物料理には、「博多水炊き」がある。「博多煮」、単に「水炊き」ともいわれる。現在は福岡県の郷土料理となっている。もともとは、中国の料理が博多で日本化したといわれている。長崎の鶏の「塩煮」が原型という説もある。水炊きは、鶏肉を水から煮込む、手軽な鍋料理として、博多から全国各地に普及した。水炊きの本来の意味は調理をしないで、煮た鍋のことであり、しゃぶしゃぶも水炊きの一種であるとの説もある。1911（明治44）年に、博多の新三浦の初代・本田次作が、中国料理をヒントに水だけで鶏肉を煮る料理を生み出したといわれている。福岡の代表的料理が鶏肉の水炊きであるためか、総理府の「家計調査」を見ても、福岡の鶏肉の購入量は多いことに気がつく。

がめ煮は、筑前煮・筑前炊きともいう。魚や鶏肉と、野菜類を炒めてから煮込んだもので、博多の名物である。禅宗料理の影響を受けた煮物である。

福岡の地鶏・銘柄鶏には、筑前秋月（あきづき）どり古処鶏（こしょけい）（生産者；チキン食品）、はかた地どり（生産者；JA ふくれん）、博多華味鳥（はなみどり）（生産者；トリゼングループ）、博多華味鳥レッド90、華味鳥、華味鳥レッド90、福岡県産のはかた一番どりなどがある。

2000年、2005年、2010年の福岡市の1世帯当たりの生鮮肉、鶏肉購入量は、2000年に比べて2005年の購入量が少なく、2010年の購入量は2005年のそれより少なくなっている。福岡市の1世帯当たりの鶏肉の購入量は、2005年が多く、2000年と2010年の購入量は少ない。福岡市の1世帯当たりの生鮮肉、鶏肉の購入量は、九州圏の各県庁所在地の購入量と大きな差はないが、九州圏を除くほかの各都道府県庁の購入量に比べると多い。（全国では1位になった）やきとりの購入金額は九州圏の以外の地域と大差はない。

知っておきたい鶏肉、卵を使った料理

- **水炊き**　福岡を代表する郷土料理。明治時代に、洋風と中華風を加味して作られた料理。鶏がらから取った白濁鶏がらスープで、骨付きの鶏もも肉のぶつ切りを茹でている間、鍋のスープを器に取り、ねぎと塩で味を付けて、まずはスープを味わい、その後、鶏肉をポン酢などで味わい、その後、いろいろな野菜を煮ながらポン酢で食べる。最後にご飯と溶き卵で作る雑炊が美味。
- **かしわうどん**　ご当地グルメ。うどんの上に砂糖と醤油で甘辛く煮た細切りの鶏肉（かしわ）が必ず載る。駅の立ち食いのうどん屋でも「かしわ抜き」と言わない限りかしわが載ってくる。県内でも地域によって麺、汁、肉の味付けも異なる。佐賀県が発祥ともいわれている。なお、福岡のうどんは軟らかいほど美味しいといわれる。うどんは、鎌倉時代に中国から福岡に伝わった麺料理が、福岡で日本独特の発展をして全国に広まったといわれている。
- **かしわめし**　郷土料理。鶏肉とささがきごぼう、にんじんを混ぜて炊いたご飯で、かつては、大切なお客様やお祝いの際に各家庭の庭先で飼っていた鶏をつぶして作ったおもてなし料理。
- **かしわめし（駅弁）**　昔から愛される名物駅弁。1921（大正10）年創業の東筑軒が作る。折尾駅、直方駅が有名。秘伝の鶏肉のだしでご飯を炊き、その中央に鮮やかな黄色の錦糸卵が敷かれ、左右に鶏そぼろときざみ海苔が載る。鶏肉も美味しいがそれ以上にご飯が美味しいと評判。二段重になった豪華な「大名道中駕籠かしわ」からお子様向けの「ピヨちゃんかしわ」まで、副菜やご飯の量の違いで5種類あり、大人から子どもまで味わえるようになっている。また、2月14日のバレンタインデ

ー向けの錦糸玉子でご飯の上にハートを描いた季節限定のお弁当も作る。

- **そうめんちり**　前原地区の山間部に昔から伝わる郷土料理。農繁期に向けて精をつけるために、庭先で飼っていた貴重な鶏と、また、当時非常に貴重だった砂糖を使う。鶏がらのスープで鶏肉、野菜、こんにゃく、焼き豆腐などを煮て、醤油、みりん、砂糖で味を調え、素麺を入れて食す。この地区には、お盆に素麺を仏前に供える習慣があり、盆が終わり、供えた素麺を使って作られたのが始まりといわれている。
- **すいだぶ**　福岡県の郷土料理。昆布だしに干し椎茸、ごぼう、にんじん、揚げ豆腐、玉麩、季節の野菜など具がたくさんの汁物で、汁にとろみがあり“だぶだぶ”しているから「すいだぶ」といわれるとも。桃の節句、端午の節句、七五三、お盆などの行事に欠かせない料理で、お祝いには鶏肉が使われた。
- **柳川鍋**　江戸時代からの郷土料理。ドジョウを使った鍋料理で、ささがきごぼうを濃い目の割り下で煮込み、どじょうを入れ、最後に卵でとじる。どじょうの薬効は、胃腸や貧血、スタミナをつけるといわれる。田植えが終わった頃からが旬。料理名の“柳川”が、地名が同じなので、柳川の名物になった。
- **久留米のやきとり**　鶏以外に、豚、牛、馬、魚介類、野菜の焼き物も、串に刺さっていれば久留米では“やきとり”とよばれる。基本はたれを使わない塩焼き。肉と肉の間には、長ねぎではなくて玉ねぎが刺してある。一緒に出てくる付け合わせの定番は、お酢のたれを掛けた生のキャベツ。久留米市は、北海道の美唄市、室蘭市、福島県福島市、埼玉県東松山市、愛媛県今治市、山口県長門市とともに“日本七大やきとりの街”といわれており、人口に対するやきとり店の数は日本一多い。
- **博多のやきとり**　鶏肉と鶏肉の間に長ネギが刺してある“ネギマ”はない。代わりに玉ねぎが串に刺してある。また、ザク切りキャベツの上に載って提供される場合が多い。突き出しの定番も酢のたれの掛かったザク切りキャベツで、基本的にお代わりは自由。久留米と同じように鶏以外の豚なども提供される。

卵を使った菓子

- **鶏卵素麺**　卵と砂糖だけで作る昔から福岡に伝わる南蛮菓子。沸騰した糖蜜の中に卵黄を糸状に細く流し込み固める。形が素麺に似るので“鶏卵素麺”とよばれる。ポルトガルのお菓子“フィオス・デ・オヴォス（卵の糸）”に由来するといわれている。旧黒田藩御用達御菓子司の「松屋利右衛門」などが作る。綺麗な卵黄色の鶏卵素麺を口に入れた瞬間、たっぷりの蜜とともにコクのある卵の風味が口中に広がり幸せになれる。

- **鶴乃子**　明治38年創業の「石村萬盛堂」が作る福岡で100年以上愛されている銘菓。卵白や砂糖、ゼラチンで作った卵形の白いマシュマロの中に、風味の良い黄身餡を入れたお菓子。鶴の顔を描いた優しい丸みのある卵形の箱に入っている。当初、鶏卵そうめんの製造で残った卵白の活用から発想したといわれる。また、製法や素材をさらに吟味した皇室へ献上している「献上鶴乃子」もある。
- **ひよ子**　明治30年創業の筑豊飯塚の菓子舗「吉野堂」が作る銘菓。屋号の「吉野」は桜の“染井吉野”に由来する。飯塚は、江戸時代に海外に開かれた長崎の出島から砂糖を運んだ長崎街道、通称“シュガーロード”が通っており、早くから菓子文化が芽生えていた。また、明治時代には炭鉱で栄え、重労働のエネルギー源として砂糖が好まれた。このような環境の中で長年愛される“ひよ子”は誕生した。九州産の小麦と卵、砂糖で作った生地の中に、卵黄とインゲン豆の餡を入れたヒヨコの形が可愛らしい饅頭。春限定の桜餡を使った“桜ひよこ”もある。
- **二〇加煎餅**　博多銘菓。博多“にわか”（仁和加）は、博多弁で面白おかしく風刺を利かせて喋り、最後の“落ち”を効かせて聴衆を笑わせたり、気分爽快にする、商人の町、博多に江戸時代から伝わる伝統芸能。この“にわか”で使う顔の鼻から上半分を覆うユーモアあふれる“半面”を模して作られる“二〇加煎餅（ニワカセンベイ）”は、上質な小麦粉と卵をたっぷり使い、こんがりサクサクに焼き上げてある。煎餅は2種類あり、丸みを帯びた煎餅は砂糖を多めにし甘く仕上げ、平らな煎餅は卵をより多く使い香ばしく仕上げてある。博多っ子の遊び心として“にわかの半面”が1枚入っている。

地　鶏

- **はかた地どり**　体重：平均3,100g。博多の郷土料理の“水炊き”や“筑前煮”をもっと美味しくしようという考えから開発が県農業総合試験場でスタートした。国内の在来種の中でも最も美味しいといわれる“軍鶏”と、旨味成分のイノシン酸を多く含む“横斑プリマスロック”、これに肉付きの良い“白色プリマスロック”を掛け合わせて誕生した。さらに、2009（平成21）年、“はかた地どり”より旨味成分のイノシン酸が1割（ブロイラー比4割）多い“新はかた地どり”が開発された。地鶏ならではの歯ごたえ、噛めば噛むほど増す旨味。きめ細やかな肉質はサクッとした歯切れが良い。平飼いで飼養期間は平均85日間。農事組合法人福栄組合が生産する。

銘柄鶏

- **華味鳥**　体重：平均3,150g。独自の専用飼料に海藻や、ハーブエキスの長期醗酵物を配合することで鶏の腸内の働きを良くし健康な鶏を育てている。飼養期間は平均50日間。白色コーニッシュの雄に白色ロックの雌を交配。トリゼングループが生産する。
- **博多華味鳥レッド90**　体重：平均3,200g。すばらしい自然環境の中で広葉樹の樹液やヨモギ粉末を加えた独自の専用飼料を与え約70日間飼育する。ヘビーロードアイランドレッドを交配した雄に、ロードアイランドレッドとロードサセックスを交配した雌を掛け合わせる。トリゼングループが生産する。
- **福岡県産　はかた一番どり**　体重：平均3,000g。専用飼料の主原料は非遺伝子組換えで、特産の八女茶を加えている。肉は鮮度と美味さにこだわり、鶏肉特有の臭みもなくやわらかく、一般のブロイラーに比べて旨味成分が15％多く含まれている。安心へのこだわりは、トレーサビリティシステムにより生産情報を携帯電話やスマホ、パソコンに提供している。横斑プリマスロックと白色ロックを交配した雄に白色ロックの雌を掛け合わせている。平飼いで飼養期間は平均65日。はかた一番どり推進協議会が生産する。

たまご

- **栄養バランスたまご**　本来卵に含まれている栄養成分のうち、ビタミンA、ビタミンK、ビタミンE、ビタミンB_{12}、葉酸がバランス良く含まれた卵。赤玉、白玉。飼料メーカーの日清丸紅飼料のグループ会社、“Farm to Table" を掲げる丸紅エッグ福岡が販売する。

- **黄味美人** 黄味の色が鮮やかで美しく、食卓を美味しく彩る。約280種類の有機酸とミネラルが含まれる木酢液を飼料に配合することで、鶏の新陳代謝が活発になり、卵のコクと旨味が向上。さらに木酢液がサルモネラを排除しより安全・安心な卵を追求。ノーサン・エミーが生産する。

県鳥

ウグイス、鶯、春告鳥（はるつげどり） 英名はJapanese Bush Warbler。日本の茂み（bush）でさえずる（warble）小鳥。ウグイス科、雌雄同色。春先、"ホーホケキョ"と美しい声で鳴くので、オオルリ、コマドリとともに日本三名鳥といわれる。うぐいすの名の由来は、「春に谷の奥から出づる」鳥、すなわち「奥出づる」、「オクイズ」、「ウグイス」の説が有力なようだ。なお、ウグイス色は、このウグイスの色ではなく、ウグイスが盛んに囀る春先によく目にするメジロをウグイスと勘違いし、メジロの羽の色が鶯色とされたともいわれている。山梨県も県鳥に指定。

汁　物

汁物と地域の食文化

古くから外国の文化と接触していた福岡と長崎は、商業都市として発達したが、気候風土から福岡は北に玄界灘を控えているので、九州の中では最も寒い。地球の温暖化、海水温度の上昇は、福岡の郊外に被害を及ぼすことが多くなった。現在の福岡は、九州地方の大都市というよりは国際都市となっている。とくに、韓国とは空路による繋がりではなく、フェリーによる海路の交流が盛んな地域となっている。

2月になると、博多湾に注ぐ室見川には、ハゼ科のシロウオが遡上することでよく知られている。博多のシロウオの踊り食いは有名な食べ方として知られているが、本来の美味しさは「シロウオの澄まし汁」として食したほうがよい。有明海のワラスボは、煮つけや味噌炊きで食するが、「ワラスボの味噌汁」も郷土料理となっている。ワラスボはハゼ科の魚で、表皮の色は青紫の円筒形の魚である。眼は退化し、日本では有明海の干潟にのみ棲息している。漁期は5～10月である。サヨリは瀬戸内海や九州では、春を告げる魚として知られている。この魚の料理には刺身、酢の物などがあるが、福岡県の椎田地区の郷土料理には「サヨリの吸物」がある。寒い季節に、福岡県・筑穂地区の体を温める汁物として「だぶ」がある。「だぶ」は「ほっと温まる」の意味で、サトイモ、レンコン、ゴボウなどの根菜類、鶏肉、シイタケなどを加えて、醤油の薄味仕立ての汁物である。けんちん汁のようなもので、片栗粉でとろみをつけた汁物。「らぶ」ともいう。

中村慶子氏らの調査によると、かつては、魚介類の種類により手間をかけた料理が減少したという。このことは、東京など首都圏内でも同じである。1989（平成元）年の調査では魚料理の出現数（全体数733件）に対して汁物は45件である。現代の人々には汁物という魚料理を忘れていると考えらえる（『日本調理科学会誌』40巻（No. 3）、2007年）。

凡例　1世帯当たりの食塩・醤油・味噌購入量の出所は、総理府発行の2012年度「家計調査」とその20年前の1992年度の「家計調査」による

汁物の種類と特色

県内には、多様な郷土料理が存在している。三池高菜のような伝統的野菜でも中国から伝わったものと聞くと、福岡県は古くから外国との交易が活発な時代があったことの証と捉えられる。

郷土料理の博多の「水炊き」は鶏肉を調味しない湯で煮る鍋で、鶏肉のうま味も、ハクサイや春菊などの野菜のもつ味も楽しめる料理である。鍋物には「イワシのちり鍋」がある。下ごしらえし、筒切りしたイワシを使った鍋である。日本海生まれのイワシを使うことで甘味のあるイワシを味わえる。有明海に棲息するハゼ科のワラスボの味噌汁は、福岡でも限られた郷土料理である。築上郡の「サヨリの吸物」は、尾びれを切り離さないようにして三枚におろしたサヨリを使った醤油仕立ての澄まし汁である。

筑穂町の仏事や結婚式につくる「だぶ」は、サトイモ、ニンジン、コンニャクなどの食材を細かく切り、たくさんの具の吸物としたものである。若松はキャベツの産地で、そのキャベツを使った「若松潮風キャベツの味噌汁」がある。清流域に棲息しているコイを使った「こいこく」、小麦粉を捏ねてつくる団子の味噌仕立ての汁の「だご汁」、アゴ（トビウオ）だしを使った「博多雑煮」、ウシやブタの白もつ（腸）を煮込む「もつ鍋」がある。

食塩・醤油・味噌の特徴

❶食塩の特徴

福岡地方では、８～９世紀にはつくられていた。明治時代には周防灘に面した地域には有数の製塩地帯であった。現在は、周防灘の沖の深層水でつくっている食塩が、「関門の塩　1200」として流通している。

❷醤油の特徴

濃口醤油、刺身醤油、麺つゆ、だし醤油などが流通している。

❸味噌の特徴

大豆のうま味もあり、甘味のある味噌である。

1992年度・2012年度の食塩・醤油・味噌の購入量

▼福岡市の1世帯当たり食塩・醤油・味噌購入量（1992年度・2012年度）

年度	食塩（g）	醤油（mℓ）	味噌（g）
1992	2,412	11,603	8,567
2012	870	5,341	4,403

▼上記の1992年度購入量に対する2012年度購入量の割合（%）

食塩	醤油	味噌
36.0	46.0	51.4

2012年度の福岡市の1世帯当たり食塩購入量が870gで、全国で最も少ない購入量であった。1,542 gの差がなぜ生じたのかはわからない。伝統野菜のほとんどは塩漬けにしていたが、家庭での伝統野菜の塩漬けづくりをしなくなったとしか考えられない。

地域の主な食材と汁物

肥大な平地に恵まれていて、コメだけでなく日本での小麦、大麦の穀類の生産量は上位である。最近は、野菜や殻物に対する品種改良の研究の結果、これまで以上に評価の高いものを作り上げている。玄界灘という好漁場と潮の干満差の大きい有明湾にも珍しい魚介類が棲息している。

主な食材

❶伝統野菜・地野菜

大葉春菊、博多中葉（ちゅうば）春菊、三池高菜、山潮菜、博多金時ニンジン、かつお菜、博多新ごぼう、博多なばな、三毛門（みけかど）カボチャ、合馬（おうま）タケノコ、黄インゲン、その他（トマト、レタス、キュウリ、キャベツなど）

❷主な水揚げ魚介類

アジ、ブリ、ケンサキイカ、サバ、マダイ、ヒラメ、エビ類、トラフグ、ガザミ、養殖物（カキ、ウナギ、クルマエビ、ノリ）

❸食肉類

はかた地鶏、はかた一番鶏

主な汁物と材料（具材）

汁　物	野菜類	粉物、豆類	魚介類、その他
わらすぼの味噌汁	タマネギ、ネギ、ジャガイモ		ワラスボ（ぶつ切り）、味噌仕立て
若松潮風（鍋）	若松潮風キャベツ		もつ、醤油味
きゃべつの味噌汁	若松潮風キャベツ		味噌汁
さよりの吸物	山椒		サヨリ、調味（塩、醤油）
だぶ	サトイモ、ジャガイモ、ゴボウ、ニンジン、シイタケ、レンコン	油揚げまたは厚揚げ、麩、くず粉	コンニャク、調味（醤油、塩、砂糖）
だご汁	ネギ、ソラマメ、カボチャ、サトイモ	小麦粉→団子、油揚げ	いりこ、味噌仕立て
博多雑煮	かつお菜、サトイモ、ニンジン、ダイコン	丸餅	アゴだし、ブリ切り身、淡口醤油仕立て

郷土料理としての主な汁物

- **いわしのちり鍋**　日本海生まれの暖流系のイワシが獲れる。塩水で洗ったイワシを筒切りにし、昆布だしの鍋で煮ながら食べる。ショウガ醤油、ダイダイの二杯酢に漬けて食べる。
- **えつ（カタクチイワシ）料理**　カタクチイワシを塩水で洗い、手開きして身と骨を分ける。身には、香辛野菜や味噌を入れて擦り、すり身団子にし、味噌仕立てか澄まし汁に入れる。
- **鯉こく**　コイの味噌仕立てである。福岡県はコイ料理の盛んなところである。
- **博多雑煮**　だし汁はアゴだしを使う。魚はブリ、イナダ、ハマチを必ずのせる。野菜では「かつお菜」を入れる。博多雑煮がブリを使うようになったのは、「嫁さんぶりがよい」といい、ブリを１本持って行く風習があり、ブリは出世魚だから、縁起が良いことに結びつけているところもある。
- **久留米ラーメン**　スープは豚骨から取った濃厚ラーメン。

伝統調味料

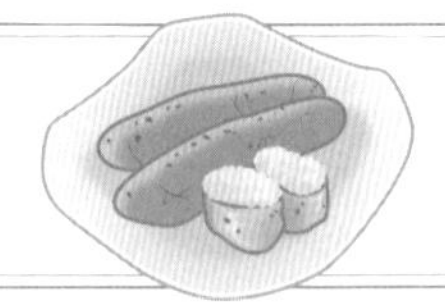

地域の特性

▼福岡市の１世帯当たりの調味料の購入量の変化

年　度	食塩（g）	醤油（ml）	味噌（g）	酢（ml）
1988	3,936	18,651	11,694	3,037
2000	1,677	8,865	8,098	2,857
2010	1,726	5,626	5,317	3,032

福岡は九州の文化・経済の中心地であるためか、自分の住む土地に誇りをもっている人が多いといわれている。お祭りなど目立つことが好きなため、博多どんたく祭りが毎年成功しているのであろう。福岡の人には、食品の分野では先物を考えることが好きらしい。福岡市内に「卵かけご飯」専門の醤油を集めている店があるほどである。福岡県内の醤油製造会社には、濃口醤油、淡口醤油、刺身醤油を区別して、また濃口醤油や淡口醤油にも辛口、甘口、中辛を分けて作っている会社がある。さらに、卵かけご飯用醤油、ヨーグルトかけ用、食パンかけ用などユニークな発想により考案された醤油も市販されている。これら、ユニークな醤油は、醤油の主な原料の他に、甘味料や果実を加えて甘味、酸味、香り、粘りを作り出している。

福岡の名物の「辛子明太子」は、昔は日持ちがよいので土産物とされていた。低温流通が発達するとフレッシュ感のある辛子明太子が人気となった。スケソウダラの卵巣の塩漬けのタラコが、福岡では粉末のトウガラシと食塩、その他の調味料で調製した調味液に漬けたものである。スケトウダラの卵巣をメンタイコというのは、スケトウダラを朝鮮語でメンタイとよぶことに由来する。福岡でメンタイコがつくられるようになった由来は、第二次世界大戦後の昭和20年代に朝鮮半島から引き揚げた人が、塩とトウガラシで漬け込んだキムチ状のタラコを博多に持ち込んだものが、日本風に改良され全国的に普及したと伝えられている。メンタイコや塩漬けタラコがつくり始められた頃に比べると、食品添加物の使用、食塩濃度や色などが改良され、みりん・うま味調味料などの使用により日本人向けの味となり、今では国民的食品となっている。これだけ日本人の食生活の中に入り込んだ理由としては、日本的調味料の力によるところが大きかったのではなかろうか。

1～3月に港町の博多の港に水揚げされるイワシは甘味があり、人気の魚である。刺身・塩焼き・天ぷらなどで食べるほか、筒切りした「マイワシのちり鍋」がある。コンブを敷いた鍋に水を入れ、沸騰したところで豆腐と下ごしらえして筒切りしたマイワシを入れ、煮ながらダイダイの二杯酢またはショウガ醤油をつけて食べる。イワシのすり身の団子(つみいれ)を入れてもよい。千葉の九十九里浜もマイワシのちり鍋があるが、九州のマイワシのちり鍋は油っぽさを感じさせないのが特徴のようである。

小倉地方に伝わる郷土料理のぬか漬けは、寛永年間（1624～45）に肥後の国（小倉）へ移動した細川忠利の時代に持ってきた信濃のぬか漬けを受け継いでつくられたようである。野菜のぬか漬けだけでなく、日本海で漁獲される北九州の「秋サバ・マイワシの糠味噌漬け」をつくり、今も受け継がれている。鍋に醤油・酒・みりん・砂糖を入れ味を整えて煮込み、この鍋にサバの糠味噌を入れて煮込んで食べる。

地域によって、ラーメンほど麺の太さやスープの味付けについて特徴をもたせ、地域ばかりでなく店それぞれでこだわりをもっている料理も珍しい。その結果、中華ソバから日本の国民食に進化するようになった。博多ラーメンは、東京のオーソドックスなラーメンに対していち早く地域性をアピールしたラーメンといえる。九州のラーメンのスープの特徴である豚骨ラーメンは、昭和30（1955）年頃に、久留米に誕生したと伝えられている。博多ラーメンの街は、長浜・中州の屋台群である。博多ラーメンのオリジナルは、豚骨を高熱で長時間煮出して、骨の中のうま味成分をすべて溶かし出したスープと白ゴマ・紅ショウガの薬味を入れることに特徴がある。

B級グルメとしての高位の座を占めている博多・中州の「博多のもつ鍋」は、醤油味スープ仕立てで、全国から出張のついでに訪れる客が年々増えているという。基本は醤油味であるが、豚もつから出る動物性のうま味、ニラやキャベツから出る甘味や酸味が独特のうま味を演出しているようである。

知っておきたい郷土の調味料

福岡県は、遠賀(おんが)川、筑後川などに係わる伏流水は、味噌や醤油の仕込み水として利用され、肥沃な平地に恵まれているので、醸造食品の原料となる米や小麦の収穫が多い。気候は温暖なので、発酵食品に使われる酵母の作用にも適している。

醤油・味噌

- **味噌は米味噌、醤油は「さしみ」「めんつゆ」** 味噌の原料となる米の生産量が多いので、天然醸造の米味噌（白味噌）を製造している醸造所は多く、米味噌をベースに合わせ味噌なども製造・販売している。醤油については伝統的技法で濃口醤油を作るほか、さしみ醤油、麺つゆ、だし醤油などを作っている。福岡県の醤油メーカーには、卵かけご飯用醤油、トースト用醤油など珍しい醤油を発想する社員や社長がいるようである。
  慶長年間（1596～1615）から受け継いだ技法で味噌を作っている古い時代に創設した味噌会社がある。醤油については安政2（1855）年に始めた会社がある。伝統的技法を守るだけでは、企業は成立しないので、実は時代のニーズに応じた調味味噌を作っている会社は多い。「長期熟成本造り」「旨み格別」「味蔵出し」「吟味米味噌」などのブランドの味噌、「甘露」「つゆの醤」「さしみ」「めんつゆ」「丸大豆醤油」「もろみ醤油」などのブランドの醤油がある。
- **「糀しょうゆ　米こうじ追仕込み」** 福岡県産の丸大豆と福岡県産小麦を仕込み、熟成させたもろみに、福岡県産の一等米で作った米こうじを追仕込みし、さらに熟成させることによって天然の甘みを引き出した逸品。甘味料や調味料を加えずに長期熟成により甘みを引き出している。
- **福岡の甘味噌** 九州の味噌の特徴である甘みのある味噌である。麹（1kgずつ）を木箱に入れ、味噌の原料の米麹や麦麹の本来の風味や甘み、うま味を最大限に引き出し、大豆のうま味を出すために、蒸し大豆を使っている。使用原料は、米は福岡県産の米と小麦、佐賀県産の大豆、長崎県産の食塩と兵庫県の赤穂の塩である。

● **麹**　醤油や味噌に使われる麹が、甘酒、発芽玄米甘酒、「伊都国（いとこく）」糸島前原の麦麹、塩麹などの形で販売している。

食塩

● **福岡の製塩の歴史**　海の中道遺跡から、8～9世紀にかけて使われたと思われる製塩土器が出土していて、製塩が盛んに行われていたと推測されている。大宝3（703）年には大宰府から観世音寺に『焼き塩山』（「海水を煮詰めて塩をつくるための燃料として樹木を伐採する山」のこと）を寄進したとの記録がある寛保元（1741）年には、黒田藩によって、玄界灘の地域の中のリアス式海岸の干潟を利用して塩田をつくり小規模な製塩が行われた。明治40年代になると、周防灘に面した地域は九州有数の製塩地帯であった。

● **関門の塩1200**　周防灘の白野江海岸の内側数メートル、地下1,200mからポンプで取水した海洋深層水を、逆浸透膜装置で濃縮海水に調製し、加熱して食塩の結晶を得る。

たれ

● **キャベツのうまたれ**　博多の屋台の焼き鳥屋さんで出されるのが、「酢だれキャベツ」という。黒酢や昆布エキスもフルに活用し、豚バラの肉が美味しく食べられるようにつくったのが「キャベツのうまたれ」である。油揚げでも冷奴でも合う。明治26（1893）年創業の醤油蔵の伝統技術がつくりあげたといわれている。油を使っていないので、ヘルシーであると宣伝しているが、食べ過ぎないことが大切である。

酸味料・だしなど

● **酸味料**　「ゆずの里」は松村醤油合名会社で作っている。九州でも栽培されている柚子を使っている。

● **ゆずすこ（yuzusco）**　ゆずコショウと食酢が合わさったもので、パスタ類にタバスコのように振りかけて使う。九州では唐辛子のことをコショウとよんでいる。柚子の香りと唐辛子の辛味が残るが、酸味と塩味もまろやかに味わえる（製造・販売元　福岡県高橋商店）。

● **カツオエキス**　ミツヤマ食品合名会社は、だしの元となる「カツオノエキス」を作っている。

- **農家の嫁の温だし**　アトピーや冷え性で悩んだ元看護師が、自分のほか友人・知人のために工夫した天然素材を混合して作っただしパックで、口コミで利用者が増えている。鰹節・鯖節・干したホタテの貝柱・昆布・椎茸などを微細な粒子にした「だしパック」。湯に5分間漬けてだしをとる。使用後は袋の中身をとりだし、味付けしてご飯のおかずにできる。

郷土料理と調味料

- **ウナギのせいろ蒸し**　柳川のウナギのスタイルで全国的に知られているが、柳川か時々行われる物産展で食べられる。文久3（1863）年、柳川市出身の本吉七郎衛が、江戸で人気のウナギの蒲焼きに興味をもち、柳川の「せいろ蒸し」を考案した。
- **だご汁**　小麦粉を捏ねて、両手で薄く引き伸ばしてつくった団子を、味噌仕立ての汁に入れたもの。
- **博多雑煮**　博多の雑煮の基本は、だしは焼きアゴ（トビウオ）でブリの切り身を浮かべる。生臭い雑煮として敬遠する人もいるが、正月にはこの雑煮を食べなければ、新年が迎えられないといわれている。
- **博多ラーメン**　ご当地ラーメンの火付け役となった一つである。昭和30（1955）年頃に、久留米に九州ラーメンとして誕生したといわれている。博多ラーメンの特徴は豚骨スープにある。豚骨を高熱で長時間に出して、骨の中の髄の中のうま味成分をスープに溶かし込んだ濃厚なスープである。ラーメンの上にトッピングした白ゴマ・紅ショウガが濃厚なスープの食感と合うのである。

発　酵

黒田武士（博多人形）

◆地域の特色

福岡市と北九州市の二つの政令指定都市があり、三大都市圏以外では人口密度が1000人/km^{2}を超える唯一の県である。北部は日本海、東部は周防灘、筑後地方は有明海に面している。県の中心部を筑紫山地が連なり、筑後川、矢部川、遠賀川の流域などでは平野が広がっており水田地帯が多い。壱岐や対馬を挟んで大韓民国があり、釜山までは福岡市から直線距離で200km程度、中国の上海市までは850km程度と、いずれも東京までの距離より近い。中国大陸や朝鮮半島に近いという地理的条件の影響を受け、古代より多くの交易の歴史がある。

稲作が最初に伝来した地といわれており、『魏志倭人伝』によれば現在の福岡市西区、糸島市の辺りに伊都国が存在し、現在の福岡市博多区の辺りに奴国が存在したと伝えられている。

福岡地方、北九州地方の地域は冬季の日照時間が短く日本海側気候に近いが、各季の降水量は多くない。脊振山地周辺などでは雪が積もることもある。久留米市、飯塚市、直方市、朝倉市、八女市などは、寒暖の変動がやや大きいが、降水量は多い。夏は気温が上がりやすく、猛暑日も福岡地方、北九州地方より多い。有明海沿岸部の大牟田市などは、降水量分布は夏季集中型で太平洋側気候である。

農業産出額では、種苗、苗木などが日本一であるほか、「あまおう」ブランドに代表される、産出額全国2位のイチゴ、同じく全国2位の小麦などが主要産品である。「博多万能ねぎ」と呼ばれる小ネギも県の特産品として全国的なブランドになっている。玄界灘、響灘では、サバ、アジ、イカ、ヒラメ、フグなど、周防灘ではカレイ、ヒラメ、クルマエビなど、有明海では海苔養殖のほか、有明海特有のムツゴロウ、ワラスボなどの魚介類も水揚げされる。

◆発酵の歴史と文化

酒粕を蒸留した粕取焼酎は全国で造られている。しかし、その中でも、筑後地方を中心とした粕取焼酎は早苗饗（さなぶり）焼酎といわれ、江戸時代の稲作とも深いかかわりがあり、太宰府天満宮の神領を中心に筑後地方で古くから造られていた。春になると、農民は籾殻（もみがら）をもって造り酒屋にやってくる。焼酎の蒸留を手伝って蒸留粕をもらい、それを肥料とするためである。蒸留にあたってはまず酒粕に1割ほどの籾殻を混入し3cmほどの団子にして蒸篭（せいろ）に入れる。蒸留は醪（もろみ）取り焼酎の場合と異なり、蒸篭の上にかぶとの形をした蓋を吊るした蒸留釜で行われる。蓋の上部は冷たい水が流れ、蓋の下に触れたアルコール蒸気は冷却されて液体に戻り焼酎となる。アルコール分とその他の揮発成分をすっかり蒸留してしまうと、この後にアルコール分のない蒸留粕が残り、これは水田の肥料として利用された。

でき上がった焼酎は濃くて、独特の風味があり、しんどい田植えが終わったときに飲むと疲れを癒してくれた。「早苗饗」とは、田植えを終えた祝いのことである。米から造られる日本酒と米作りが早苗饗焼酎によりサイクルが完結していたのである。

しかしながら、この早苗饗焼酎は衰退の一途を辿っていた。籾殻に由来する独特の強いにおいが現在のソフトな嗜好から外れていたからである。新式焼酎（甲類焼酎）が登場すると、早苗饗焼酎はほとんど造られなくなってきた。

最近、太宰府天満宮の近くにある大賀酒造（筑紫野市）や杜の蔵（久留米市）では昔ながらの蒸篭、かぶと釜を使った早苗饗焼酎が復活している。そのうちに、イタリアの赤ワインの絞り粕を蒸留したグラッパのような感覚で早苗饗焼酎が広く飲まれるようになるかもしれない。

◆主な発酵食品

醤油　福岡県には日本一多い100ほどの醤油蔵がある。その醤油の特徴の一つに、甘みがあるが、それぞれの蔵で味わいの異なる醤油が造られている。醤油の味にこだわりをもつ人が多い県ということもできる。

福岡県をはじめとして、九州では甘い醤油が好まれる。甘い醤油になった理由には諸説ある。一つは、江戸時代に唯一貿易の窓口となった長崎県の出島に近く、輸入された砂糖が福岡でも手に入りやすかったため、高級品の醤油に貴重な砂糖を加えて、客人をもてなしたことから醤油が甘くなったといわれている。その他、新鮮な魚介類をよりおいしく食べるために醤油が甘くなったという説もある。魚介類は熟成するほど旨みが増し、新鮮な魚ほど身が引き締まっていて、淡白な食材である。九州は海に囲まれ新鮮な魚が豊富に手に入るので、調味料で旨みを補うために醤油を甘くした、という説もある。

ニビシ醤油（古賀市）は、醤油のほか、味噌、スープなどの調味料を造っている。ミツル醤油（糸島市）は、多くの会社が協業工場から醤油を購入し独自の味付けと火入れをする方式で製造する中で、2013（平成25）年から自社醸造による醤油造りを復活させて製造している。その他、ジョーキュウ（福岡市）、綾杉醤油（福岡市）、山家醤油醸造場（北九州市）、松中醤油本店（小倉）、カネヨシ醤油醸造元（飯塚市）、若竹醤油（久留米市）、弥吉醤油（うきは市）、マルモ醤油店（八女市）、マルヱ醤油（みやま市）などがある。

味噌　「福岡の甘味噌」といわれるように、麹使用量を多めにした甘口の米味噌が多く造られる。アゴ（トビウオ）だし入りの液体味噌などを販売しているアサヒ醸造（柳川市）のほか、田島屋味噌醸造元（福岡市）、和田味噌醸造（北九州市）、鶴味噌醸造（柳川市）などがある。

日本酒　5代将軍徳川綱吉の時代（元禄年間）には、600軒を超える酒蔵があったといわれている。全国的にみても、かなりの量が造られていた大生産地の一つであった。昭和40年代まで、福岡県酒造組合では「福岡は日本三大酒どころ」というキャッチフレーズを使っていた。戦前、満州などに住む日本人のために送られる日本酒が福岡県の酒蔵で生産されていたため、大量の生産能力を保持していた。ただし、残念ながら「三大酒どころ」は生産量の順位であり、福岡県で造られた日本酒の多くは、灘や伏見の大手メーカーにタンクごと売られて、自分の蔵の銘柄で売られる酒は多くはなかった。今はほとんど姿を消したが、当時、盛んだったいわゆる「桶売り」というものであった。

福岡県は、酒造好適米の「山田錦」の生産の歴史は古く、最近まで兵庫県に次いで全国2位を誇っていた。現在、県内には50を超える酒蔵があり、生産量は当時と比べ大幅に減少しているものの、品質のよい特徴のある日本酒が生産されている。

1673（延宝元）年創業で県内で一番古い大賀酒造（筑紫野市）をはじめ、200年以上の歴史をもつ蔵として、1717（享保2）年創業の高橋商店（八女市）、江戸文政年間創業の喜多屋（八女市）、1832（天保3）年創業の山口酒造場（久留米市）などがある。また、北原白秋が愛飲していた酒で、白秋直筆のラベルで有名な菊美人酒造（みやま市）や、「ハネ木しぼり」という古くからの方式で全量の酒を搾っている白糸酒造（糸島市）など特徴のある蔵も多い。その他、小林酒造本店（糟屋郡）、花の露（久留米市）、池亀酒造（久留米市）、若竹屋酒造場（久留米市）など銘酒を製造している蔵も多い。篠崎（朝倉市）は、純米酒などの日本酒のほかに、特徴のある甘酒の製造販売を行っている。

博多練酒　蒸した米を発酵させ、臼でひき絹布で濾して造った酒である。甘酸っぱく、なめらかでとろみがある。室町時代の『御酒之日記』などに記録があり、筑前博多産が有名だった。貝原益軒の『筑前国続風土記』（1703（元禄16）年）に「博多練酒；其色練絹の如く成故に練酒と称す」とある。若竹屋酒造場（久留米市）で、室町時代の製法を復元して造られている。

焼酎　前述の早苗饗焼酎のほか、ごま焼酎、にんじん焼酎をそれぞれ初めて販売した紅乙女酒造（久留米市）、研醸（三井郡）、また米焼酎や麦焼酎などの福徳長酒類（久留米市）、光酒造（糟屋郡）、ゑびす酒造（朝倉市）、篠崎（朝倉市）などがある。

ワイン　1939（昭和14）年に静岡県で新品種として誕生した巨峰は栽培が難しかったが、久留米市田主丸町で1957（昭和32）年に一般栽培に初めて成功した。その後、代表的な生食用ブドウ品種となっている。若竹屋酒造場の13代目林田伝兵衛は10年の歳月をかけ、日本初の巨峰ワインを1972（昭和47）年に完成させた。現在、巨峰ワイン（久留米市）で製造、販売されている。

ビール　朝倉市にキリンビール福岡工場が、福岡市にアサヒビール博多工場がある。クラフトビールとしては、杉能舎（すぎのや）ビール（福岡市）、門司港地ビール（北九州市）、べんがら村ビール（八女市）、オークラブルワリー（福岡市）などがある。

太宰府天満宮梅酒　御神酒は、多くの場合日本酒であるが、太宰府天満宮では菅原道真公が梅を愛した、という伝説にちなんで梅酒となっている。原料となるのは、境内の木から収穫したウメが使われる。

辛子明太子　スケトウダラの卵巣を唐辛子などで漬け込んだもので、乳酸発酵を伴う。韓国語でスケトウダラを「明太」と呼ぶことに由来する。戦前、釜山から運ばれていた明太卵漬けは、タレとトウガラシに漬け込まれており、「キムチ」に近いものであった。ふくや（福岡市）の創業者、川原俊夫が1949（昭和24）年頃からトウガラシを用いた調味液などで味付けをする独自の加工方法で製品化し、博多で販売したのがきっかけといわれている。1960年代には多くの製造業者が作るようになり、新幹線の駅や東京の百貨店などへ販路を築いた福さ屋（福岡市）が全国的に知れ渡るようになった。

甘酒　篠崎（朝倉市）、喜多屋（八女市）、小林酒造（糟屋郡）などでさまざまなタイプの甘酒が販売されている。

「ヤクルト」　乳酸菌飲料の代表的なものの一つであり、1935（昭和10）年、福岡市で代田保護菌研究所のもとで製造、販売が開始された。全国の工場で生産されているが、福岡では筑紫野市にある福岡ヤクルト工場で生産されている。

がん漬け　有明海の干潟に生息する小型のカニを利用した塩辛の一種である。シオマネキ、ヤマトオサガニ、アリアケガニなどのカニを殻ごと砕き、調味料とトウガラシを加えて発酵させる。

高菜漬け　タカナを茹でて塩漬けにした漬物である。タカナは西日本で栽培され、中国四川省から伝わった青菜（せいさい）から品種改良されたもので、肉厚の大きな葉が特徴である。漬物としてそのまま食べるだけではなく、古漬けをみじん切りにして油炒めにしたり、ご飯と炒めて高菜めしにして食べられている。

貝柱粕漬け、海茸粕漬け　有明海で獲れるタイラギの貝柱やウミタケ（別名ウミタケガイ）の水管を、柳川や城島の酒蔵の酒粕で漬けたものである。

バニラビーンズ　ケーキやクッキーに使われるバニラはほとんどが輸入だったが、最近、久留米市の金子植物苑で生産されている。収穫されたバニラの実は「キュアリング」という発酵、乾燥の過程を10日間ほど繰り返すことによりバニラビーンズとなる。バニラ自身がもつ酵素の力で加水分解を行い、香りの成分であるバニリンに変換される。紅茶と同様に、微生物はほとんど関与しない酵素発酵である。

◆発酵食品を使った郷土料理など

がめ煮　博多の代表的な郷土料理で、筑前煮とも呼ばれる。最初に具材をすべて炒め、酒、醤油、みりん、だし汁などを混ぜて鍋で煮立たせたところに、鶏肉、シイタケ、こんにゃく、ゴボウ、レンコン、ニンジン、サトイモなどを入れる。

ごま鯖　サバの切り身を醤油、みりん、煎りごまを加えて和えた福岡の郷土料理である。

ぬか炊き　小倉城下においては、各家庭で先祖代々の「ぬか床」が受け継がれていた。サバやイワシなどの青魚をぬか床と一緒に炊き込んだ、江戸時代から続く郷土料理である。

博多もつ鍋　カツオや昆布などでとっただしに醤油や味噌で味付けし、その中に下処理したもつと大量のニラ、キャベツとニンニク、トウガラシを入れ、これを火にかけて煮込んで食べる料理である。

シロウオ料理　早春、産卵のために川をさかのぼるシロウオ漁が盛んであり、室見川の側には、生のまま酢醤油などで食べる「おどり食い」が有名な店がある。

博多うどん　ふわふわしたコシの弱い麺に、煮干し、アゴ、昆布だしと淡口（うすくち）醤油のつゆを合わせたものである。

◆特色のある発酵文化

黒田節　「酒は呑め呑め呑むならば　日の本一のこの槍を　呑みとるほどに呑むならば　これぞまことの黒田武士（くろだぶし）」の歌詞で有名な福岡市の民謡で、黒田官兵衛の家臣母里太兵衛が飲み比べに勝ったエピソードがもとになっている。福岡藩の武士たちにより歌われていたものが、昭和初期にレコード化され全国に広まった。

◆発酵にかかわる神社仏閣・祭り

御勢大霊石神社（小郡市） 粥占い祭　「粥占い」とは、毎年小正月の1月15日に新米2合半を炊き、神前に供え、2月6日に神前から下げて氏子に供覧し、粥に生えたカビの場所や色により、その年の豊凶を占うという神事である。

筑紫神社（筑紫野市） 粥占祭　筑紫野市の無形民俗文化財に指定されている行事で、2月15日に粥入れされた粥の、1カ月後のカビの生え具合や色によって、稲作などの豊凶や風水害、害虫、伝染病の発生などを占う。粥入れの際に四つに区切り、それぞれを豊前国、肥前国、筑後国、筑前国とし、地域ごとに占うものである。この手法は北九州の一部の限られた地域にしかみられない特徴的なものになっている。

山の神（大野城市） おしめ打ち　おしめ打ちとは注連縄を新しく綯い、懸け直す行事で、祠とご神木に懸け渡す。ご神体である石に拝礼し、その後、神との供食になる。甘酒、干しあご2匹、酢のもの、黒豆、煮しめ、赤飯が振る舞われる。例年、10月17日に行われる。

◆発酵関連の博物館・美術館

酒資料館（久留米市）　1745（延享2）年創業の冨安本家酒造（現・花の露）の酒蔵をそのまま展示している。手作業だった時代の酒造道具約200点が展示されている。城島町は筑後川の下流域に位置し、筑後川の舟便、肥沃な筑後平野の原料米に恵まれ、古くから酒造りが盛んだった。

北原白秋記念館（柳川市）　『とんぼの眼玉』『赤い鳥』『待ちぼうけ』『からたちの花』などで有名な詩人の北原白秋は、1885（明治18）年柳川地方の大きな造り酒屋に生まれた。晩年に発表した、柳川を舞台にした写真集『水の構図』では「水郷柳河こそは我詩歌の母体である」と述べている。生家は、1969（昭和44）年に復元され、現在、白秋の著書や遺品、さらには柳川の風物にゆかりの深い資料が数多く展示されている。

門司麦酒煉瓦館（北九州市）　1913（大正2）年に帝国麦酒として建設され、サクラビールと銘打ったビールを醸造・販売していた建物で、その後、サッポロビール九州工場事務所棟として使われていた。館内には、歴代サッポロビールのポスターや缶、瓶などが展示されている。

博多の食と文化の博物館（福岡市）　「ふくや」が展開する博多の食と文化の博物館で、明太子に関する展示や体験ができる。

◆発酵関連の研究をしている大学・研究所

九州大学農学部応用生物科学コース、大学院生物資源環境科学府生命機能科学専攻

乳酸菌をはじめ、麹菌、酵母などの発酵微生物の基礎的研究が盛んである。これらの成果をもとにして開発された芋焼酎「いも九」が九州大学ブランドグッズとして販売されている。

発酵から生まれたことば　はしご酒

梯子を1段ずつ登っていくように、なじみの店を1軒ずつ尋ね歩いて飲むことを指す。最近、全国各地の飲食街のイベントとして「はしご酒大会」が開催されている。実態はさまざまであり、数軒を巡ってお酒を飲みゴールする時間を競うものもあれば、お酒を楽しむことだけが目的の場合もある。著名なものとしては、札幌すすきの祭りの前夜祭として開催される「すすきのはしご酒大会」や福岡の「なんかせんばはしご酒大会」、「バルウォーク福岡」などがある。ちなみに、海外でも仲間と何軒ものパブなどの飲み屋をはしごすることがあり、英語では pub crawl や bar-hopping と呼ばれる。crawl は水泳のクロールや赤ちゃんのハイハイのように腹ばいで進むことなので、元気よく飛び跳ねる hopping よりは飲んでいる量が多いような気がする。

和菓子／郷土菓子

梅ヶ枝餅

地域の特性

九州の北東部に位置し、県境が３つの方角で異なった海洋に面している。北から北西にかけては響灘、玄界灘、東には周防灘、西南には有明海があり、各地域には異なった歴史がある。気候は温帯性で概して温暖、雨量も適度にある。冬は降雪もあり、山間部では積雪もある。

古代から大宰府政庁や鴻臚館（こうろかん）が置かれ、中国大陸や朝鮮半島との交流の窓口であった。大宰府には菅原道真が権帥として左遷され、悲劇の生涯を閉じたが、学問の神様として太宰府天満宮に祀られ、多くの受験生たちに勇気を与えている。

中国との窓口であった博多に、羊羹、饅頭、麺を伝えたのは鎌倉中期の禅僧・円爾弁円（えんにべんねん）（聖一国師：1202～80）である。彼は中国から帰国後、京都の東福寺を開くまで博多に滞在し、中国で学んだ羊羹、饅頭、麺（うどん）の製法を人々に伝えたのである。博多の承天寺では彼の命日にカン（羊羹）、マン（饅頭）、麺（うどん）を供え、遺徳を偲（しの）んでいる。

地域の歴史・文化とお菓子

太宰府天満宮と「梅ヶ枝餅」

①菅原道真と飛び梅伝説

東風（こち）吹かば　匂いおこせよ　梅の花
主なしとて　春なわすれそ

学問の神様で知られる平安前期の人・菅原道真（845～903）の歌である。彼は優れた学者で醍醐天皇のとき右大臣となったが、藤原時平の讒言（ざんげん）により筑紫に大宰権帥（だざいのごんのそつ）として左遷されてしまうのである。京を旅立つとき、邸内の梅の木に詠んだのが冒頭の歌で、この梅の木が道真を慕って、筑紫まで飛んできたという。それが道真を祀る太宰府天満宮の「飛び梅伝説」

である。

道真（以下、菅公）が筑紫へ流された道筋の瀬戸内海地方には、道真を祀る天神社や飛び梅伝説が各地にたくさんある。それは大宰府で悲憤の死を遂げた菅公が、のちに雷神となり怨霊となり、天下を震撼させる威力につながっていた。

②菅公と梅の伝説

大宰府への途中、菅公が周防の宮市（山口県防府市）に立ち寄った。まっすぐ山陽道を西下すればよいところ、なぜか回り道して松崎に行くことになった。道沿いの茶屋で休憩していると、老婆が茶に梅干を１つ入れて差し出し「これを飲むと元気に旅ができる」とすすめてくれた。

ちょうどその頃、時平の刺客が菅公を亡きものにしようと狙ってやってきていた。が、回り道した菅公は、災難を免れたのである。このことに因んで、正月に梅干し入りの茶を飲むと、禍から免れ無事でいられるとされた。今日でも西日本では、元日の朝に「大福茶」といって茶に梅干しを入れて飲む風習がある。

③太宰府天満宮と菅公

受験生によく知られる太宰府天満宮は、菅公が祀られている。ここはまた、菅公の墓所でもあった。菅公は、住まいとしていた大宰府政庁の南館（現・榎社）で903（延喜３）年２月25日生涯を閉じた。門弟たちがその亡骸を牛車で乗せて運んだところ、牛が伏して動じず、その場所が菅公の御心の所として、そこに埋葬され、のちに天満宮が建立されたのである。太宰府天満宮は、全国12,000社ある天神様を祀る総本宮で、多くの人たちに親しまれている。

菅公と梅が深い関係にあったことから、梅を象徴とし、神紋も梅紋、梅鉢紋、星梅鉢が使用されている。菅公と牛の伝説も多く、牛を神の使いとして境内には牛の像があり「お撫牛」は有名である。

④名物「梅ヶ枝餅」の由来

無実の罪で大宰府に流された菅公には、大政官から「食・馬を給することなかれ」の命令が出され、役人たちは食物を与えることも口をきくことも禁じられていた。謫居の大宰府政庁は老朽化して廃屋同然で、菅公は食べ物にも事欠いていた。見かねた近くの老婆（のちの浄妙尼）が、粟餅を梅の枝に刺して差し上げた（江戸時代の絵巻物がある）。そしてときおり餅を持参し、菅公の無聊（ぶりょう）を慰めたといわれる。

菅公の没後、この老婆が菅公の臨終の地に浄妙尼寺（榎寺、明治の廃仏毀釈後榎社となる）を建立して菩提を弔った。時代が下り、天神信仰が高まり、太宰府天満宮の参道には門前町ができ、“さいふ参り”の名物として「梅ヶ枝餅」が誕生した。

⑤現在の梅ヶ枝餅

現在の「梅ヶ枝餅」は、もち粉と米粉の生地で小豆餡を包み、梅の刻印が入った鉄板で焼き上げた焼き餅である。また本来は甘い餡ではなく、焼き味噌や味噌餡の入った軽食だったという。小豆餡になったのは、砂糖が豊富になってからであった。この餅が平たい形状なので、裏メニューとして「梅ヶ枝餅」２つでさらに餡を挟んで食べるという。

菅公の命日２月25日と、誕生日の６月25日に因み毎月25日は「蓬入り梅ヶ枝餅」が販売されている。

行事とお菓子

①旧筑穂町（飯塚市）の五月節供の「がめん葉饅頭」と「粽（ちまき）」

初節供にはのぼりや内飾りを贈られる。もち米、うるち米の粉を前日までに石臼でたくさん挽いて用意する。がめん葉はサルトリイバラの葉で、米粉の生地で小豆餡を包んでがめん葉でくるんで蒸す。がめん葉がなくなるとミカンの葉や樫の葉を代わりに使う。粽は粉を細長く丸め、粽笹３枚で包み、棕櫚（しゅろ）の葉を裂いて紐にしてクルクル巻いて括って蒸す。出来上った粽は隣近所に配る。

②筑後川流域の五月節供の「粽」

この地方の粽は笹の葉と菰（こも）で作り、神仏に供える。荒神様に供えた物は神棚の下に吊るし、雷除けのお呪（まじな）いにする。粽の殻を焼く煙が効くという。

③「よど」祭りの“よどまんじゅう”

よど祭りは氏神様の夏祭りで、よどまんじゅうをたくさん作る。この饅頭は米粉の生地で餡を包んだものだが「いどらん葉饅頭」ともいう。いどらん葉はサルトリイバラの葉で、この葉２枚で挟んで蒸す。山が遠いのでいどらん葉が手に入らないときは一つ葉（はらん）やとうきびの葉で代用する。

④筑後吉井の「七夕麦菓子」

朝倉市周辺では､「初七夕」といって旧暦の7月7日に7歳の祝いをする。祝いの品は「蔓付きの大きな西瓜」と「麦菓子」で、薄く延ばした小麦粉生地に縁起のよい鯛、瓢箪、お相撲さん、ナス、桃、短冊、彦星など食紅で書いて、焼き上げたもので、昔はパン屋さんが作っていた。これらが7種袋に入れて売られていた。現在も旧歴の七夕が近づくと、金花糖などを詰め合わせて売られている。

知っておきたい郷土のお菓子

- **鶏卵素麺**（福岡市） 福岡藩黒田家の献上菓子。初代松屋利右衛門が長崎出島で製法を伝授されたと伝わる。沸騰する濃い砂糖液に溶いた卵黄を細くたらし入れ、素麺状に作る南蛮菓子。市内3軒ほどで製造。
- **鶴乃子**（福岡市） 1905（明治38）年創業の石村萬盛堂の博多銘菓。真っ白なマシュマロ生地に黄味餡を入れ、卵の形に仕上げてある。他に、聖福寺禅僧・仙厓義梵の落款を焼印で押した「仙厓さんもなか」などがある。
- **二◯加煎餅**（福岡市） 1906（明治39）年に東雲堂が創製。古くから博多の郷土芸能として親しまれる博多仁和加の半面をかたどった小麦煎餅。俄とは、江戸時代から明治時代にかけ、宴席や路上などで行われた即興芝居のこと。
- **黒田武士煎餅**（福岡市） 博多・加美家製菓の銘菓。江戸時代中期創業で大山菓子司として黒田藩の御用も勤めた14代主人が考案。「黒田節」にちなみ立体的な高台付の盃形の卵煎餅。歌詞などが焼印で刻まれている。
- **千鳥饅頭**（福岡市） 千鳥屋が1927（昭和2）年から作り、人気を博してきた福岡銘菓。白餡を丸ボーロ生地で包んだ焼き饅頭で、千鳥の焼印が特徴的。
- **いつもじ**（久留米市） 1875（明治8）年創業の吉金菓子舗の銘菓。久留米水天宮の安産祈願の守り札に因み、5つの梵字を刷り込んだ柚子の香りのする上品な逸品。
- **宝満山**（太宰府市） 太宰府天満宮にほど近い梅園の銘菓。古くから歌に詠まれた霊山・宝満山に因み、卵、砂糖、寒天などを使って作られる。

他に、太宰府天満宮の神事「鷽替え」にちなんだ「鷽の餅」などを作る。

- **米せんぺい**（柳川市） 当地の郷土菓子。透けるほど薄い生せんぺい。柳川生まれの北原白秋の詩集『水の構図』に、手作りの米せんぺいが輸入砂糖の樽を包んだ筵（アンペラ）に並べて干されている写真がある。
- **越山餅**（柳川市） 白雪堂、梅花堂が作る。1858（安政５）年創業の初代の愛称が「越さん」。その名をつけた白餡入りの求肥餅。２代目の兄弟それぞれ店を開いた。立花藩にも納めていたとされ、古くからの名物菓子。
- **甘木棒飴**（朝倉市） 1886（明治19）年創業の阿さひ飴本舗が作る棒状の米飴。朝倉特産の三奈木砂糖（黒砂糖）と黄な粉、麦粉、生姜などを合わせたものが芯に入っている。三奈木砂糖は阿さひ飴４代目の働きかけで近年復活した。
- **翠雲華**（朝倉市） 秋月藩御用達だった遠藤家が冬から春に作る珍菓。市内の黄金川でのみ生育する川茸（水前寺のり）に上砂糖とグラニュー糖のみで仕上げる。川茸の香りと風味が楽しめる。季節限定品。

乾物 / 干物

かわはぎ干し

地域特性

福岡県は九州本島の北部に位置し、九州地方では最も人口が多い福岡市が県庁所在地である。福岡市、北九州市は政令指定都市である。北は日本海、東は瀬戸内海、筑後は有明海に面し、県の中央部は筑紫山地が連なり、筑後川、矢部川、遠賀川流域などから平野部も広がっている。気候的には福岡、北九州地方は日本海式気候に近く、太平洋側気候と分かれており、山間部の一部は降雪もあるが、平野部は積雪することは少ない。真夏日になることも多いが、瀬戸内海式気候により、年間を通して温暖な条件がそろっている。筑後平野で米、小麦を産出する農業県である。種苗、苗木、菊、果樹園芸のイチゴの栽培、ネギなどの多くの野菜類、八女茶の産地でもある。

水産物は、玄界灘からの鯛や平目など高級魚から鯖、イカなどの水揚げも多い。また、有明海は海苔の養殖が盛んで、よい海苔もたくさん採れている。有明海のワタリガニは絶品である。

工業は久留米市で創業したブリジストンや、ゴム工業をはじめ筑豊炭田三池炭鉱などかつては石炭産業も発展していたが、現在は掘られていない。

知っておきたい乾物 / 干物とその加工品

干しおきうと

海藻のエゴノリとイギスを煮て、寒天分を出して固めた「おきうと」を乾燥した製品。小判形に乾燥したものもあるが、いずれも福岡・博多の名物になっており、醤、かつおのだしなどで食べる。

福岡産板海苔

支柱式漁法が行われている。色味はやや劣るが、味がよく、柔らかい。佐賀県産などと同じく、ギフトの需要が多い。

時期のよいものは佐賀県産に匹敵する品質を持つ。11～12月に生産される秋芽、冷凍網の2～3回摘みのものは主に中級ものとして味付け用に使用されている。大手加工メーカーの仕入れの主力産地となっている。

涅槃会（ねはんえ）こうせん　2月15日はお釈迦様が亡くなった日で、寺では涅槃会という法事をする。寺々、町々ではいろいろな品が振る舞われたが、福岡県柳川市付近では麦こがしを食べたそうで、麦こがしを含めた香煎を振る舞う風習がある。新潟県では丸いうるち米だんごをまき、佐賀県では、吊るし柿を作るときにむいた皮を乾燥して粉にしたもの（こうせん）を供えたという（香煎は大麦の粉を煎ったもの）。

ニシカゼコムギ　福岡県推奨品種であるニシカゼコムギ（農林129号）は、西海120号とウシオコムギの交配種から生まれた品種で、うどんこ病、赤さび病に強く、ごく多収性の早生小麦品種である。耐倒性が強く、多肥栽培で安定しており、多収穫である。

子実は豊満な大粒で、外観・品質に優れ、粉は薄力小麦系で、めん用粉加工性が優れている。適地は九州平坦肥沃地および関東地方以西の温暖な肥沃地帯である。

八女茶（やめちゃ）　八女茶は福岡県内で作られたブランド名で、全国生産の緑茶の約3％を占める。産地は筑後市、八女郡、広川町、朝倉市に広がる。筑紫南部は地質的に筑後川と矢部川の両河川から運搬された堆積平野が栽培に適している。この地質と霧の発生しやすい土地柄（なだらかな山の斜面が霧に覆われる）、太陽の光などから茶のうま味成分のアミノ酸であるテアニン、グルタミン、アルギニン等が生成され、天然の玉露茶として珍重されてきた。特に日中の気温が高く、夜間は冷え込むことと、年間の降雨量が茶の栽培に適していることから、主力生産地として発展してきた。福岡県の奨励品種「やぶきた」「かなやみどり」「おくみどり」など9種の品種が導入されている。特に玉露の生産高が日本全体の約45％を占めている。806（延歴25）年、空海が唐から比叡山へ伝えたという説がある。

現在は、かつて筑後茶、笠原茶、星野茶など複数の地名で呼ばれていた産地ブランドを改良した高品質蒸製緑茶から「八女茶」と統一し、生産と流通両面の拡大が図られている。

豚骨ラーメン　九州ラーメンを代表する豚骨らーめんは、久留米市が発祥の地といわれている。屋台「南京千両」の店主は長崎県の出身で、ふるさとのチャンポンと当時横浜で流行していた支那そばをヒントに考案したといわれ、その後、屋台の「三九」で偶然豚骨スープが誕生し、九州広域に広がったといわれている。その代表格として認知されている博多ラーメンは、硬めの細麺と麺のおかわりができる替え玉戦略がある。博多中洲の屋台店長浜ラーメンの紅しょうがと海苔の入ったトッピングが相性がよい。

かわはぎ干し　玄界灘で捕れた新鮮なウマズラハギの一夜干しで、北九州地区の産物として有名になっているが、最近は漁獲量が減ってきており、希少価値になっている。

Ⅲ

営みの文化編

伝統行事

博多祇園山笠

地域の特性

福岡県は、九州地方の北部に位置し、北は響灘・玄界灘、北東は周防灘、南西は有明海に接する。筑紫山地などの山に分けられるかたちで、東に中津平野、遠賀川流域に直方平野、玄界灘に面した福岡平野、筑後川流域に肥沃な筑紫平野が広がっている。対馬暖流の影響で、全般に温暖であるが、日本海側は、冬の曇天と強い季節風が特徴である。

古代から東アジアとの交流の拠点であり、九州の政治・経済・文化の中心として栄えた。江戸時代には、福岡藩、久留米藩、柳川藩、小倉藩などの領地で、稲作の技術改良やイグサ・木蠟など商品作物の栽培、博多織や手すき和紙といった産業が奨励された。明治以降は、石炭・鉱工業が栄えた。伝統工芸では、博多織のほか、久留米絣、博多人形、小石原焼、上野焼、八女提灯などが有名である。

福岡空港は、とくにアジアの各都市への便数が多く、成田・関空に次ぐ国際空港として発展している。

行事・祭礼と芸能の特色

都市でのまつりと農山漁村でのまつりには、顕著な違いがある。端的にいえば、都市での祈願は疫病除けと商売繁盛にある。とくに、疫病の流行る夏のまつりに表徴される。福岡県下でも、それがはっきり確認できる。

前者の代表は、俗にいうところの「祇園山笠」。福岡と戸畑のそれが文化財としては有名だが、小倉・久留米・飯塚・黒崎でも行なわれている。元は、京都の祇園祭の導入ではあったが、しだいに九州の風土に合った男性的なまつりに模様替えをしたあとがみられる。

福岡の十日戎（1月8日～11日）は、商売繁盛を願うまつりで、大阪・京都のそれと並び三大戎祭とされる。

幸若舞（みやま市）、八女福島の灯籠人形（八女市）、博多祇園山笠行事

（福岡市）、八幡古表神社の傀儡子（築上郡）、戸畑祇園大山笠行事（北九州市）、大善寺玉垂宮の鬼夜（久留米市）、春日の婿押し（春日市）、等覚寺の松会（京都郡）など、国の重要無形民俗文化財の指定を受けた行事や芸能だけでも数多い。

主な行事・祭礼・芸能

筥崎宮玉取祭

正月3日、筥崎宮（福岡市）のまつり。木製の玉を競子が奪い合って豊年を占う行事で、玉せり祭ともいう。

当日は、男玉・女玉を拝殿から神楽殿に移して、玉洗いの式を行なう。その後、神官が玉を掲げて末社である玉取恵美寿神社に運び、祭典を行なう。玉洗式では、玉をはじめに湯で洗い、次いで白絞油をたらしてそれを奉書でぬぐい取る。この紙で子どもの体を拭くと病気にかからない、といわれ、参詣者は競ってその奉書をいただく。

玉取社に納められた玉は、再び運び出され、女玉は元の貝桶に、男玉は神官が持って広場に行き、そこで待機していた岡部・馬出両集落の若者たちのなかに投げ入れる。彼らは、それを取ろうとして、ぶつかり合ったり駆けまわったりする。2つの集落で玉を激しく取り合うのは、勝った方がその年豊年になるとされていたからである。もとは、このときの勝敗によって漁場の網入れの権利も決めた、という。また、最後に神前に玉を掲げた者は、その年の幸運が約束される、ともいわれた。そうした奪い合いを繰り返したあと、最後に玉は社殿に納められる。

太宰府天満宮の鷽替神事と鬼燻べ

太宰府天満宮の代表的な行事。正月7日に行なわれる。

鷽替神事は、木製のウソ（鷽）に旧年の罪穢を託して送り捨て、かわりに今年の幸運を招く金のウソをいただこうとする行事である。ウソは、その字が「學」に似ていることから、学問の神とされる天神様のお使いの鳥とされたのである。

当日の夕方、人びとは、各自木製の小さなウソを持って参拝する。そして、境内の大きなクスノキを取り囲み、「替えましょ、替えましょ」と唱えながら相手かまわずウソを交換しあう。やがて、神官がその中にまぎれて、神社の金製のウソを12個渡し歩き、それに当たった人たちを社務所に連れていって神酒を授ける。金のウソを得た人はその年の吉運を得る、とされている。

現在、このウソは社務所などでも売られているが、もともとは防火のまじないとして神棚にあげておいた前年のウソを持参するのがきまりであった。

鷽替神事のあと、鬼燻べが行なわれる。これは、太宰府天満宮の追儺（ついな）行事で、寛和2（986）年、菅原道真のひ孫で太宰府大弐（だいに）の任にあった菅原輔正によってはじめられた、と伝わる。毎年、総勢500人もの氏子たちが招福・除災を願って繰り広げる火まつりである。

鬼燻べは、悪魔の象徴である鬼を天満宮の鬼燻べ堂に追い込み、煙でいぶして退治するというもの。天満宮の門前町・6町の氏子たちが、鬼役と鬼を警護する役（警固方）、鬼を燻べる役（燻べ方）に分かれて行なう。

午後9時過ぎ、各町内を出発した氏子たちは、鬼燻べ堂に集結。いずれも筒袖に縄だすきといういでたちである。やがて堂の前につくられた燻釜に火が放たれ、堂内の鬼をいぶりだそうと団扇（うちわ）であおぐ燻べ方と、鬼を救いだそうと堂内の板壁を木槌（づち）で打ち壊そうとする警固方の争いがはじまる。その間に、鬼は堂内を7回半、堂外を3回半巡る。そして、堂内では宮司に、堂外では氏子総代長に一回りごとに煎り豆を投げつけられ、棒で打たれる。そして、最後には堂の奥へ退散。鬼燻べが幕を閉じるのである。行事が終了したのち、松明（たいまつ）の燃え残りや灰を家に持ち帰ると、厄除けや火防のまじないになる、という。

なお、この日、同種の鬼燻べ神事が、住吉神社（福岡市）でも行なわれる。

志賀海（しかうみ）神社の神幸祭と歩射（ほしゃ）祭

志賀海神社（志賀島）は海の守護神綿津見（わたつみ）三神を祭神とし、「龍の都」とも「海神の総本社」とも称されて、北九州の海辺の民の信仰を集めてきた。神幸祭は、隔年の旧暦9月8日夜に行なわれるまつりで、かつては御神幸が行なわれるか否かを、旧暦9月1日にみくじで占って決め、有りとなればただちに準備にとりかかった、という。

まつりは、夜のとばりが下りる7時過ぎからはじまる。境内には堤灯の櫓（やぐら）が組まれ、参道を照らす。まず、本殿に綿津見三神を3基の神輿（みこし）に移す。そして、それぞれ笛や太鼓を鳴らしながら獅子頭などを供に従えて御仮屋

（頓宮）へ運ぶ。神輿が御仮屋に到着すると頓宮祭が行なわれ、引き続き、龍の舞、八乙女の舞、羯鼓の舞が奉納される。

龍の舞は、獅子舞ともいわれ、龍頭を胸高に捧げ持ち、笛にあわせて秘伝の舞を舞う。八乙女の舞は、老女8人が奉仕する巫女舞である。また、羯鼓の舞は別にいそらの舞ともいわれ、楽座一良の社人が白布で顔面を隠し、紅布で羯鼓を胸高に吊り、両手に撥をとって打ちながら舞う。この3つの舞は、古くから伝わるもので、近隣の神社で奉納される舞の祖型ともいわれている。

舞が終了すると、神輿はその夜のうちに神殿に戻る。その際も、笛や太鼓やササラの勇壮な囃子に導かれ、進んでは立ち止まり、ゆっくりと還幸するのである。

歩射祭は、1月15日に行なわれる予祝行事である（近年は1月15日に近い日曜日に行なわれる）。馬に乗らずに弓を射ることからこの名がついた。昔、志賀島で人や家畜に大きな被害を与えていた土蜘蛛を安曇百足が退治したという伝説にちなむもので、破魔の目的と年占の意味を兼ねた行事である。射手衆は8人。氏子から選ばれた若者で、経験者の「古参」と新入者の「新参」に分かれる。

射手衆8人は、厳しい斎戒を重ねる。かつては、まず、1月2日から大宮司の指導で胴結綿（弓の稽古用の巻藁）の準備に入った。11日からは朝夕海に入って禊を行ない、参籠して精進を続ける。13日には、新参が胴結を背負って頓宮まで行き、胴結舞を行なう。14日になると、射手衆が昇殿の資格を得るため、勝馬のある沖津宮・中津宮に参る「位上げ」を行なう。新参は、海中に入りガラ藻を採って中津宮の神前に供える。この日まで、新参は数々の儀礼を経て一人前の射手衆の資格を得るのである。現在は、こうした行事が歩射前日に行なわれるようになった。

15日、射手衆は、立烏帽子・浄衣姿で拝殿に参衆。それに矢取りの少年8人が連なる。祭典ののち、新参が「扇の舞」を奉納。続いて、一同は社前の庭に降り、はじめに宮司および射手衆が左に弓矢をとり、右に扇を持ってそれを合わせる作法を行なう。次に「的廻りの式」といって、大的（直径約2メートル）を背負った社人を先頭に射手衆などが庭内を3巡する。また、大宮司は、楼門前の橋上で狩股の矢で天地四方を祓い、的場では大的の黒的に矢を射こみ、そのまま神前に納める。これは、土蜘蛛退治を演じるもの、といわれる。

それが終わると、射手衆の歩射となる。射る回数は、1人1回2本ずつ3回、合計48本の矢が射こまれる。的までの距離は11間（約20メートル）。黒的に当たると、参詣者が「ヨイヤァ」と囃す。最後の一矢が放たれると、「的やぶり」といって参詣者が的の破片を奪い合って持ち帰る。これが魔除けのまじないになる、という。このように、行事の各所に古式を残した貴重な祭礼である。

英彦山御田祭

3月15日、英彦山神社（田川郡）神社で行なわれるその年の豊作を予祝するまつり。

まつりの関係者は、前日から物忌み（潔斎）を行なう。当日は、祭典の後、御田斎場において、8人の乙女（御田役）が赤の手甲と脚絆をつけた田植女の姿で田植舞を舞う。その後、鍬入れ・畦切り・畦塗・馬把・えぶり（代かき）・種子蒔き・田植など一連の作業のしだいを模擬的に演じる。種子蒔きでは、蒔かれた種子を群衆が競って拾い、それを家に持ち帰る。また、田植のときには、乙女の一人が妊婦の姿をして、飯汁を半切桶に入れて頭上に戴き、神職と7人の乙女の後に従って登場。これを「汁戴行事」という。田植歌を歌いながら早苗を植る様が演じられた後、群衆は、早苗や飯などを取り合う。

柳川水天宮祭と久留米水天宮祭

柳川水天宮祭は、沖端水天宮のまつりで、旧暦4月5日から7日まで行なわれる。川舟9艘を組んで、その上に大きな舞台を据えた神船が出ることで有名である。

5日は、神輿渡御があり、弓や槍・刀などの供奉行列が続く。夜になると、神社脇の沖端川岸につながれた神船を竿で押し出し、船上の舞台で歌舞伎や狂言が演じられる。神船を押すのは、毎年氏子の中から選ばれた当番組の家の7歳以上の男子で、半纏姿に鉢巻のいでたちでそれを行なう。期間中、神船での演目をみるために、川岸は多くの見物客でにぎわいをみせる。

一方、久留米水天宮祭は、久留米の水天宮のまつりで、5月5日から7日まで行われる。この社は、平家没落の時按察使伊勢局がこの地に逃れて安徳天皇の霊を奉祀したと伝えられる古社で、東京の水天宮の本社としても知られる。久留米地方では、筑後川の水神様として名高く、このまつりには多くの参詣者が群集する。

5日の午後、御座船が御潮井場を出る。そして、平家の船をかたどってさまざまな装飾を施したとされる6隻の屋形船（供奉船）を従えて筑後川を下り、市境である瀬下町下浜まで神幸。そこで奏楽のなか御旅所祭を行ない、その後再び川を遡って本社に還御する。このまつりを、地元では「川祭」とか「船神幸」と呼んでいる。

博多祇園(ぎおん)山笠

7月15日、櫛田神社（福岡市）のまつり。古来、九州最大の祇園祭として知られる。このまつりでとりわけ有名なのは、山笠と呼ばれる高さ53尺（約16メートル）もある豪華な据え山車(だし)が6基出ることである。そこから、俗に祇園山笠といわれるようになった。まつりの起源については諸説あるが、一説には、鎌倉時代に承天寺の開祖である聖一国師が病魔退散の祈禱を行なったとき、住民が施餓鬼(せがき)棚に棒をつけて担いで回ったのがはじまり、という。

山笠は、6尺四方の台に4本柱を立て、その先端を竹の枠で囲んでこれにさまざまな飾りもの（御殿や橋、武者人形など）をつけたものである。6基のうち奇数番号の山笠を修羅(しゅら)、またはサシモノ（指物）といって、山の頂上に城郭をつくり旗指物を14本立て、櫛田三社の神額や鶴亀などのつくりものを置く。また、竿の先には招き旗を下げる。一方、偶数番の山笠は堂山、またはカツラといって、頂上に御堂を上げ、清道(せいどう)を立てる。山笠は、もとは担いで回ったが、明治以降は電線架設などの関係で、町内に据山として飾るだけとなり、担ぎ回る場合は別に低い山笠をつくったり、据山の台をはずして用いるようになった。なお、山笠の製作は、6月早々からはじめられ、その開始にあたっては厳重な潔斎(けっさい)が行なわれる。

15日の本祭当日は、朝早くから櫛田入りと称して各山笠が櫛田神社に集合。揃いの法被(はっぴ)にねじり鉢巻きの若者たちが境内でひしめく。やがて、太鼓の合図で、一番山笠が神社の山留め（出発点）を出発。祝い歌を唄ったのち、全速力で1里先の上洲崎町（旧奉行所）の廻り止（決勝点）まで走っていく。6分後に二番山笠が出発。その後は5分間隔で三番以降の山笠が出発する。山笠には、台上り（台上で指揮する者）・鼻取り（先導役）・台廻り（台のまわりの警固役）・担ぎ手（28人で台棒を担ぐ）・後押しなどの役がつき、それぞれに連携しながら力走する。その疾走争いはすさまじく、このまつりの見ものとなっている。

決勝点に到着後は、山笠がそれぞれの町に戻り、祝い歌を歌う。そして、台上の飾りものを各自が災難除けのお守りとしてもらい受ける。

なお、当日は、櫛田神社では祭典が行なわれ、六番山笠が神社を出た直後には、能楽が演じられる。これは、寛文年間（1661～72年）にはじまったといい、毎年「翁」以下数番が演じられる。

なお、戸畑（北九州）にも同様の祇園山笠がある。そして、博多の祇園山笠ともどもに国の重要無形民俗文化財の指定を受けている。

宗像（むなかた）大社の秋季大祭と古式祭

秋季大祭は、宗像大社（宗像市）辺津宮で10月1日から3日まで行われる。貞永元（1232）年、大宮司宗像氏経がはじめた放生会（ほうじょうえ）（8月15日）が元。元禄年間（1688～1704年）に領主の命によって8月晦日・9月1日に改められ、近年は9月30日から10月2日までとなった。現在は、放生の行事はみられなくなったが、田島の放生会という俗称にその名残がみえる。

10月1日には「みあれ祭」が催される。これは、沖津宮の神輿（みこし）と中津宮の神輿を載せた2隻の御座船と数隻の供奉船が、大島港から神湊まで約1時間をかけていく荘厳な海上パレードである。

2日には、古式にのっとった流鏑馬（やぶさめ）神事が奉納される。本殿で命名式の後、神馬は祓（はら）いを受け、神門前に設けられた馬場道を3頭が疾走。地上7メートルの的に向けて矢を射る。その年の豊作を占うとともに、矢は災難消除のお守りになるといわれている。

流鏑馬に続いて、翁舞が奉納される。このとき用いる翁面は、明応8（1499）年に鐘崎の岬沖から鐘を引き上げようとしたが鐘はあがらず、そのかわりに海中から浮かびあがった、と伝えるところの翁面である、と伝わる。以来、災難除けの仮面、とされてきた。また、悪疫が流行した時には、この面をつけて祭典を行なえば流行がやむ、ともいわれている。

なお、このまつりには、生姜と柿が特産みやげとして売られるほか、陶器や金物、農具などの市が立つ。

古式祭は、12月15日の午前に行なわれる。800年余りの伝統をもつといわれ、特殊な神饌（九年母・ゲバサ藻・菱餅など）を神前に供えて、その年最後の収穫を感謝するまつりである。祭典後には直会（なおらい）式を行なう。直会式には、田島区氏子の各戸から1人ずつ出席し、神職とともに神酒・御供をいただく。これを宮座据りという。神と人とが1年の喜びを分かち合うのである。

高良(こうら)大社の御神幸祭とおくんち

高良神社（久留米市）で3年に一度、10月3日に行なわれるのが御神幸祭である。

その歴史は古いが、正慶2（1333）年に一度途絶えた。その後再興し、菊池・大友・少弐・島津の4頭（家）が輪番で奉仕したというが、江戸時代にも再三中絶と復興を繰り返した。定例で行なわれるようになったのは、明治6（1873）年以降のことである。

御神幸祭では、朝妻の頓宮(かりみや)に神輿(みこし)が渡御して二夜滞在し、帰路は、高良下宮にしばらく留まり、その後還幸する。神輿には数十騎の甲冑(かっちゅう)武者(むしゃ)のはじめ鉾や剣、弓など数百人の供奉者が従う。その行列が練り歩く姿は壮観である。

おくんちは、高良大社の例大祭である。祭神へ1年間の加護を感謝し、さらなる神徳を祈念してさまざまな奉納行事が催される。その歴史は古く、江戸時代には、久留米藩主代参が行なわれた、ともいう。

もともとは旧暦9月9日に行なわれ、この日を表わすオクニチ（御九日）が訛化してオクンチと呼ばれるようになったものである。御神祭につながるまつりとも伝わるが、御神幸が豪儀になったことや重陽の節供とも重なることから、新暦へ移行したのちは10月9日から3日間行なわれるようになり、現在に至っている。

ハレの日の食事

がめ煮（筑前煮）がまつりなどで広く食される。これは、鍋に水・砂糖・醤油を入れて煮立ててから骨付きの鶏肉を入れた後、野菜やコンニャクを入れて煮込んだもの。本来は、シビ（クロマグロ）を使っていたが、明治以降、鶏肉を用いるようになった。

7月中旬の小倉祇園まつりの期間は、各家庭でちらしずしや煮しめをつくって食べる。小倉は湯葉づくりが盛んで、生湯葉を甘辛く煮て錦糸卵のように細く切ったものがちらしずしにのせられるのが特色である。

寺社信仰

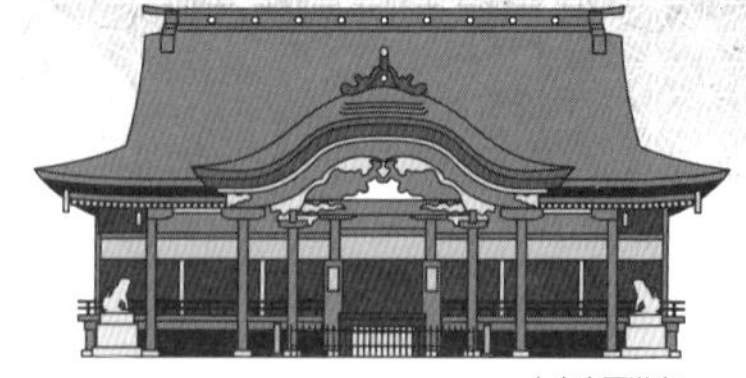
太宰府天満宮

寺社信仰の特色

福岡県は大陸への窓口であることから、新しい文化が逸早く入る一方、常に軍事的侵攻の脅威に曝され、それが寺社信仰の在り方を大きく規定している。神功皇后が登場する縁起が多いのは、その象徴である。

神功皇后の朝鮮出兵を導いたのは、筑前一宮とされる福岡市の住吉神社の神とされ、日本三住吉の中でも日本最初住吉として崇められている。

同じく筑前一宮とされる福岡市の筥崎宮は、皇后が応神天皇（八幡神）を出産した際に胞衣を筥に納めて御崎に埋めたのが機縁とされ、日本三大八幡の一つとして崇められる。正月の玉セセリは日本三大裸祭、入口の門は日本三大楼門にも数えられる。

今は日本三大天神の太宰府天満宮で有名な太宰府市も、より古くは外交と防衛を担った「遠の朝廷」大宰府の置かれた地で、四王寺山一帯には大野城が築かれた。大宰府の隣に建てられた日本三戒壇の一つ観世音寺には防人たちへの精神的支援という意味もあっただろう。後には最澄や空海ら遣唐使の心の支えともなった。また、大宰府の鬼門にあたる竈門山（宝満山）は国家鎮護の道場として栄え、今も宝満宮竈門神社がその伝統を受け継いでいる。

県内には修験道場が数多くあり、筑後一宮とされる久留米市の高良大社も、日本四十八天狗の高良山筑後坊の行場と伝えている。

なかでも添田町の英彦山は、日本三大修験霊場にもあげられる日本有数の修験道場であり、豊前市の求菩提山など豊前六峰の筆頭であった。

新しい文化という意味では、福岡市の櫛田神社が象徴的な存在で、昔は日宋貿易の精神的な支柱であり、今は5月の博多どんたく、7月の〈博多祇園山笠行事〉†、10月の博多おくんち（日本三大くんち）など、流行と活気の拠点となっている。とりわけ山笠の信仰は、苅田町の〈苅田山笠〉や、みやこ町の〈生立八幡神社山笠〉などに展開している。

凡例　†：国指定の重要無形／有形民俗文化財、‡：登録有形民俗文化財と記録作成等の措置を講ずべき無形の民俗文化財。また巡礼の霊場（札所）となっている場合は算用数字を用いて略記した

主な寺社信仰

飛幡八幡宮（とびはたはちまんぐう）　北九州市戸畑区浅生。宮田山（北九州市八幡東区枝光）の八幡神を戸畑の汐井崎に勧請したのが始まりで、1579年に鳥旗に社殿を造営遷座したと伝え、戸畑八幡と親しまれた。1920年に当地へ移り、1995年に現称へ改め、現在は八幡大神を中心に名護屋大神（道祖大神）と須賀大神を左右に祀っている。1803年に始まったという7月の祇園祭では〈戸畑祇園大山笠行事〉†が営まれる。博多祇園山笠・小倉祇園太鼓と並ぶ福岡県夏の三大祭りと賞され、絢爛豪華な大山笠の流れ舁きに小若山笠や子ども山笠が供奉する。当社で祓いを受けた4基の大山笠は御汐井汲みを行い、勇壮な囃子にのって市中を練り回る。大山笠は、昼は台上に12本の幟を立てた幟山笠であるが、夜は提灯山笠に変じる。高さ10mの12段に提灯309個を飾った重さ2.5tの山笠を80人の男たちが担ぎ回る。

宗像大社（むなかた）　宗像市。田島の辺津宮、玄界灘に浮かぶ大島の中津宮と沖之島の沖津宮の3社の総称で、境内は国史跡に指定され、特に沖津宮は島全体が神体で、その祭祀遺跡から出土した品は国宝に指定されている。3社を結ぶ海上の道は朝鮮半島へと連なり、大陸文化の玄関口として古代より軍事外交上の重要な拠点となってきた。現在は交通安全の神として毎年180万人が参拝に訪れる。玄海灘は世界有数の漁場でもあり、宗像市の神湊や鐘崎で使われた〈玄界灘の漁撈用具及び船大工用具〉‡は、日本の多様な伝統漁法に関する用具をほぼ網羅している。大祭では大漁旗を掲げた船団が海上を神幸し、漁師たちが海上安全と豊漁を祈願する。なお、長く当社の摂社であった福津市の宮地嶽神社も年間200万人以上を集める人気を誇り、日本一の鈴・太鼓・注連縄が人々を迎えている。

志賀海神社（しかうみ）　福岡市東区。国宝の金印（印文「漢委奴國王」）が出土したことで知られる志賀島に鎮座。『先代旧事本紀』によると阿曇連らが少童三神を筑紫斯香神として斎祀していたという。現在は綿津見三神を祀り、全国の海神社の総本社とされている。年頭には若者が一人前の射手衆になる通過儀礼でもある歩射祭があり、春秋の山誉祭では志賀三山（勝山・衣笠山・御笠山）を誉めた後に鹿を射る所作がある。境内の鹿角堂には鹿の角が1万本以上も納められている。流鏑馬の奉納がある10月の例大祭は国土祭とよばれ、昔は旧暦9月9日に行われた。国土祭の前日には隔年に御神幸祭が執行され、夜間に3基の神輿が頓宮（御仮屋）に下り、古代の芸能を今に伝える〈志賀海神社神幸祭の芸能〉[‡]が奉納される。竜の舞は獅子舞、八乙女の舞は巫女舞、羯鼓の舞は磯良の舞である。

春日神社　春日市春日。奴国王墓で有名な春日市の中心部に鎮座。樟の巨木が荘厳な杜をなし、裏山には千両の叢林がある。768年、大宰大弐（大宰府の次官）に就任した藤原田麻呂が氏神の春日大明神を大和国より勧請して創祀したと伝える。1242年には社殿の裏に春日山大光寺が開かれたというが、江戸時代中期に廃寺となり、薬師堂のみが残っている。大光寺は1241年に円爾弁円が博多で開いた承天寺の末であった。成人の日の前夜には、前年に結婚した新郎新婦を地域の年齢組織が祝福する水祝い、〈春日の婿押し〉[†]が営まれる。鳥居前に積み上げた左義長に火が点されると、宿の行事や樽せりなどが繰り広げられ、春日川の九郎天神社（黒男大明神）の前で御汐井（清めの真砂）を取った後に婿揉みが行われる。最後に若水を花婿に浴びせ掛け、左義長の火を囲んで手打ちとなる。

恵蘇八幡宮　朝倉市山田。応神天皇・斉明天皇・天智天皇を祀る。斉明天皇が朝倉に橘広庭宮を置いた661年、天上から白旗が下り「八幡大神」の文字が浮かび出た奇瑞から創祀されたと伝える。斉明天皇は当地で没し、息子の中大兄皇子（後の天智天皇）は当社境内で葬儀を営んだという。10月に営まれる神幸祭は、〈筑前朝倉の宮座行事〉[‡]で知られる朝倉市黒川高木神社（大行事社）の宮座祭と同様、収穫を感謝するオクンチの祭である。社前には筑後川が流れ、その辺に水神社があり、中大兄皇子が名月に母を悼んだと伝える月見石がある。6月には水神社で山田堰通水式が行われ、社の下にある水門が開き、国史跡「堀川用水及び朝倉揚水車」が稼働を開始、〈筑前・筑後の水車習俗〉[‡]がみられるようになる。そのうちの菱野の水車は日本で唯一実働する三連水車である。

水天宮　久留米市瀬下町。全国の水天宮の総本宮で、日本三大暴れ川の一つ筑後川（筑紫次郎）の辺に鎮座し、水難除けや安産の神と崇められる。平時子（平清盛の正室、二位尼）や平徳子（高倉天皇の中宮、建礼門院）に仕えた按察使局伊勢が、壇ノ浦の戦いの後、当地へ落ち延び、安徳天皇と平家一門の霊を祀ったのが始まりで、往古は尼御前社とよばれたという。民話によると筑後川には二位尼（尼御前）という河童が棲み、支流の巨瀬川には夫の巨瀬入道という河童がいて、年に一度会う時には大洪水を起こすという。流域では氾濫時の避難用に天井や軒下に小舟を吊るす民俗があり、1916年に市内の小学校へ備え付けられた〈合川のあげ舟〉は、1953年の大水害で実際に使われ、全児童を無事帰宅させている。

玉垂宮　久留米市大善寺町宮本。筑後一宮高良大社の元宮とされ、同じく玉垂命・八幡大神・住吉大神の3柱を祀っている。玉垂命は高良大菩薩とも称され、藤大臣や武内宿禰であるともいわれている。一説には、肥前国水上の桜桃沈輪を討伐して筑紫を平定した藤大臣が当地に宮を設けて没したのを、後に三池長者師直が供養のために法相宗の安泰和尚を招いて御廟院の高法寺（大善寺）を開いて祀ったのが始まりという。盛時には三潴庄の鎮守として衆徒45坊を擁したと伝えるが、戦国時代に衰退し、明治の神仏分離で寺は廃されてしまった。今も残る阿弥陀堂は鬼堂ともよばれ、大晦日から正月七日にかけて修行される〈大善寺玉垂宮の鬼夜〉†の中核をなしている。全長13m・重さ1.2tの大松明6本が新年の闇夜を照らすこの祭は、日本三大火祭りの一つに数えられている。

福島八幡宮　八女市本町。1661年、福島の庄屋国武理右衛門尉らが町の氏神として、近くの土橋八幡宮から分霊を勧請したのが始まりで、1671～81年に福島の松延四郎兵衛が本殿や拝殿を建立寄進した。9月の放生会に奉納される〈八女福島の燈篭人形〉†は、熊本県山鹿から燈篭を貰い受けて奉納したのが発端で、1744年には人形の燈篭が奉納され、1772年には四郎兵衛の子孫で大坂豊竹座の筆頭浄瑠璃作者であった松延甚左衛門（福松藤助、橘雪庵貫嵐）が絡繰技術を導入して始まったと伝える。今も境内に2階建て3層構造の屋台（舞台）が組み立てられ、独特の奏法による絡繰人形芝居が奉納され続けている。釘や鎹を使用しない金銀箔漆塗りの屋台は、福島仏壇の製造技術を生み出したといわれている。八女伝統工芸館の隣の民俗資料館では、原寸大で複製した屋台を展示している。

大江天満神社　みやま市瀬高町大江。菅原道真（天満大神）を祀り、拝殿額には「大宰府神社」とある。『筑後国神名帳』

山門郡にみえる「大江神」とされ、古くは近隣に大きな江（工事で造成した溝川）があり、その川神を祀ったと考えられる。981年に道真の曾孫輔正が大宰大弐となり、道真の託宣を受けて九州各地の荘園に道真を祀った際に天満宮へ改められたと推測されるが、瀬高町大江有富の天満神社（1933年に若宮神社と改称）から分霊を勧請したとの説もある。1月20日に舞堂で演じられる〈幸若舞〉†は日本芸能の原点といわれ、15世紀から流行し、能とともに戦国武将に愛され一世を風靡したが、現在は当社にしか伝承されていない。『八島』『高館』など42番を伝え、2008年には「人間五十年、化天の内を比ぶれば、夢幻の如く也」で有名な『敦盛』を復元演舞した。

和布刈神社

北九州市門司区。九州最北端、本州と九州を結ぶ交通上・軍事上の要衝であった門司関に建つ。社前の早鞆ノ瀬戸は、関門海峡で最も幅が狭く、潮の流れが極めて速い。速門とよばれた航海の難所であり、平家が滅びた壇之浦は対岸に位置する。朝鮮出兵から凱旋した神功皇后が安曇磯良の魂を祀ったのが始まりと伝え、海峡の守護神、隼人明神と崇められた。旧暦1月1日の〈和布刈行事〉は、昔は「見ると目が潰れる」と懼れられた秘祭であったが、戦後は拝観されるようになった。潮が引く午前3時頃、神職3人が松明・手桶・鎌を持って海へ行き和布を刈り採る。対岸には長門一宮住吉神社の和布刈祭の篝火がみえる。万物に先駆けて芽を出す和布を神前に供え、豊漁や海上安全を祈願する。

白山多賀神社

苅田町山口。東大寺の僧慧空が白山権現の祠を創祀し、これを上宮として不知山等覚寺が創建されるも焼失、涅槃上人が中興し、さらに谷之坊覚心が修験の法を始めたことで法相から天台に転じたと伝える。14世紀後半、堯賢の代が最盛期で300の子院を抱えたという。明治の廃仏毀釈までは普智山等覚寺として本地阿弥陀如来を祀り、内尾薬師や千仏鍾乳洞を宿とする峰入を修行、英彦山などとともに豊前六峰の一つに数えられた修験道の拠点であった。現在は伊邪那岐命・伊邪那美命・豊玉姫命を祭神とし、手前に山王権現の社が建つ。4月に行われる〈等覚寺の松会〉†は天下泰平や五穀成就を祈る修験の行で、修験者のみで営んだ古の厳密さを受け継いで、今も修験者の末裔が伝承している。最後は花笠を被った施主が松柱へ登り、大幣を一気に切り落とす。

八幡古表神社　吉富町小犬丸。福岡・大分の県境である山国川の西に建つ。吹出浜で神託を受けた玉手翁が皇后石（鬼の臼）の下に社を建てて息長帯比売命（神功皇后）を本殿に、西脇殿に住吉大神を祀ったのが始まりで、後に広津崎の別宮から古表大明神を東脇殿（四十柱宮）に遷し祀ったという。古表大明神は宇佐神宮が大隅・日向の隼人の霊を慰めるために執行した豊国大放生会に出仕した神々で、〈傀儡子〉†47体を神像としている。現在も4年に一度、8月の放生会に〈八幡古表神社の傀儡子の舞と相撲〉†が奉納されている。傀儡子は操り人形の原初形で、日本の人形戯の源流とされる。傀儡子人形は神像型と相撲型に大別され、それぞれ〈細男舞・神相撲〉‡を演じる。神相撲では、息長帯比売の神像とされる鎌倉時代作の木造女神騎牛像（国重文）も公開される。

伝統工芸

博多人形

地域の特性

福岡県は、九州の北に位置し、上海まで約900kmで空路なら約4時間、ソウルまでは約500kmで約1時間半の距離にある。中国大陸や朝鮮半島に近いことはこの地域の特性といえるだろう。

福岡の港「博多津」は、すでに3世紀頃から栄えていた。福岡市の西にある糸島半島では、古墳から日本最大級の銅鏡が出土している。7世紀以降には遣隋使や遣唐使の寄港地として外交の港となり、九州全体を統括する役所、「大宰府」が置かれたため、国防に関しても重要な地域となった。海外から農産物を始めさまざまな文化の産物とともに工芸の技法もわたってきたと考えられる。

攻防を経て、江戸時代には黒田氏が博多、有田氏は久留米に城と町を築いた。藩と町や村の民は、地域の陶土でつくるやきものや織技を活かした織物など独自の工芸を発展させた。

福岡市では、鎌倉時代に始まった「博多祇園山笠」という、櫛田神社の氏子たちによる祭礼が今も盛大に行われている。祭りの道具や衣装には、伝統工芸品も用いられている。

伝統工芸の特徴とその由来

福岡県には、海外からも積極的に伝統工芸の技を取り込み、工夫を重ねて全国にその名を知られる伝統産業に育ててきた歴史がある。

博多織の発祥には、中国との往来が関係している。13世紀半ば、貿易商や禅僧らが宋にわたり、帰国後、織物、麝香丸、羊羹、饅頭や素麺、饂飩、蕎麦などの製法を博多にもたらした。そのとき同行した一人の青年が、博多織の源流となる織物をつくり出したといわれている。

陶器の窯は、16世紀末に豊臣秀吉の朝鮮出兵に同行した大名たちが連れ帰った陶工により築かれた。江戸時代に黒田藩の御用窯となった高取焼は、小石原焼にその技を伝授している。上野焼(あがのやき)は細川氏が豊前藩主時代に開かせた窯で、江戸時代には小堀遠州七窯に数えられた。細川氏は熊本へ転封され、上野焼から熊本の高田焼(こうだやき)が始まることとなる。

久留米では、江戸時代後期に、一人の少女が絣(かすり)の技法を工夫して広め、久留米絣という産業に発展することとなった。

知っておきたい主な伝統工芸品

博多織(はかたおり)（福岡市）

博多織は、生地が厚く、経(たて)（縦）糸(いと)の浮き出しによる紋様の数々に特徴のある帯地である。鎌倉時代、博多商人の満田彌三右衛門(みつたやざえもん)が承天寺開山の聖一国師(しょういちこくし)（円爾弁円(えんにべんえん)）とともに宋にわたり、織物技術を習得して帰国、独自の意匠をほどこしたのが博多織の起源といわれる。代々その技法を伝え、さらにその250年後、子孫の満田彦三郎が明にわたり、技法を研究。帰国後は工法の改良を重ね、琥珀織のように生地が厚く、浮線紋や柳条などの模様の浮き出た厚手の織物をつくり出した。江戸時代、筑前藩主、黒田長政が幕府への献上品として博多織を献上したことにより、「献上博多」として知られるようになった。その際、真言宗の法器である独鈷(どっこ)と華皿(はなざら)、柳条（縞）を図案化したものが献上柄といわれる。独鈷とは、密教法具の一つで、金属製で細長く中ほどがくびれ、両端がとがっている。華皿は仏の供養をするとき、花を散布するのに用いられる器。縞には2種類あり、真ん中が太く、両脇が細い縞は親を両脇から支える両子持（別名孝行縞）、逆に両端が太く中側が細い縞は中子持（別名親子縞）という。いずれも仏教の教えを表している。

先染めの絹を素材とし、細い経糸を多く使い、太い緯(よこ)（横）糸(いと)を強く打ち込んで、主に経糸を浮かして柄を織り出す。繊細で生地に厚みがあり、帯を締めると「キュッ、キュッ」と堅い絹織物独特の音、絹鳴りがする。武士が重い刀を一日中差していても緩むことがないように織られたことから、堅牢で張りがあり締めやすいのが特長。明治時代以降、図柄を紋紙（パンチカード）にして、織り糸の上下動を自動化して織り上げるジャカード機を用いたため、複雑な紋様を織ることができるようになった。

後継者不足の危機感から、県、市、組合、地元企業が一体となり、NPO法人博多織デベロップメントカレッジを開校し、技術ばかりではなく、世界に通用するクリエーターやプロデューサーなどを輩出している。

久留米絣（久留米市）

久留米絣は、藍と白に染め分けた糸を織って文様をつくる綿織物で、伊予絣、備後絣とともに日本三大絣の一つといわれる。藍と白の濃淡を活かした絵柄は、複雑な幾何学模様、花や唐草など丸みのある絵模様など多様であり、きものや洋服、バッグやクッションなど暮らしの布として、今も身近な存在である。

文様をつくる技は、少女の発明であった。1788（天明8）年に久留米通町の米屋に生まれた井上伝は、周囲の女の子と同様、7歳の頃から機織を習い始め、13歳頃に独自の文様を考案し、「加寿利」と名付けたという。井上は、着古された藍染めの布の白いまだら模様に注目し、布をほどいて糸と糸、藍色と白色との組み合わせを解きほぐした。試行錯誤を繰り返し、糸を括って藍で染め、織り上げて模様を生み出したといわれ、人にも教えた。さらに、地元の発明家田中久重の協力を得て、板締め技法による絵模様の製織に成功する。井上の教えた女性たちにより、製織は各地に広まって、農家の副業となり産地が形成された。井上は、晩年まで後継者を指導したという。

絵や文字を表す「絵絣」の技法を発明した大塚太蔵や、緻密な「小絣」の柄を考案した牛島ノシなどの貢献もあり、明治時代以降は庶民の衣服として全国で愛用された。今も、「博多祇園山笠」の期間に正装として着用する「長法被」は久留米絣である。織元の数は減少したが、世界の市場を視野に商品開発を試みるなど新たな魅力の発信に努めている。

小石原焼（朝倉郡東峰村）

小石原焼には、轆轤で器を回しながら、器の表面に刃先やハケを当て、規則的で生き生きとした模様に仕上げる、「飛び鉋」や「刷毛目」と呼ばれる技法がある。シンプルな模様の器は、使い込むほど艶やかで手に馴染むようになり、愛用されてきた。

小石原焼は、1682（天和2）年に福岡藩3代藩主黒田光之が伊万里から陶工を招き、窯を開かせたのが始まりである。その後、すでに同地で茶陶を制作していた高取焼と交流し陶業の里となった。なお、江戸時代中期には、現在の大分県日田市の小鹿田村に、小石原焼の陶工が招かれて技法を伝え、小鹿田焼が始まった。

第二次世界大戦敗戦後の物資不足の時期には、擂鉢や甕などの大物もつくられて販路が広がる。また、江戸時代に技法を伝えた小鹿田焼を通して民藝を奨励する柳宗悦やバーナード・H. リーチらが小石原を訪れて絶賛したことで知名度が上がった。後には、日本工芸館小石原分館が建てられ、民陶祭（現在の「民陶むら祭」）が開催されるようになり、「用の美」を実践する産地となった。

山々と棚田に囲まれた窯元には作品が展示され、小石原焼伝統産業会館で、小石原焼の歴史や伝統技法などを学ぶことができる。

上野焼（田川郡福智町）

茶陶に始まった上野焼は、すっきりとした薄手の滑らかな肌に、青緑釉、鉄釉を始め多種類の釉薬の掛かる、味わい深い陶器である。国の伝統的工芸品の指定を受けて、400年にものぼる伝統の器づくりの知恵を再発見し、新たな試みも含めた陶業を続けている。田川郡福智町には、上野焼陶芸館があり、窯元の作品の展示や紹介を行っている。

朝鮮の陶工金尊楷は、豊臣秀吉の朝鮮出兵に参戦した加藤清正の帰国に際し来日、一度帰国し青磁を学んで再来日したとされる。1602（慶長7）年、利休七哲の一人で茶道に造詣の深い豊前小倉藩主細川三斎に招かれ田川郡上野に窯を開いた。これが上野焼の始まりである。その後30年間、尊楷は上野で三斎好みの格調高い茶陶をつくり、細川氏が熊本藩に転封されたときには、これに従い、熊本に移って高田焼の祖となった。

上野焼は、藩主が小笠原氏に替わった後も藩窯として存続し、小堀遠州の好む茶器、遠州七窯にあげられ、茶人に大変好まれた。明治時代になり、廃藩置県により豊前小倉藩がなくなると一時休止状態になる。これを明治時代に田川郡が奨励して再興し、徐々につくり手の数を増していった。

博多人形（福岡市）

博多人形は、粒子の細かい粘土を焼いた素焼きの人形に彩色した土人形で、土本来のぬくもりが感じられるのが特長。安土桃山時代の1600（慶長5）年に筑前福岡藩初代藩主黒田長政により、多くの職人が集められ、その中の職人のつくった素焼き人形がルーツといわれる。江戸時代中期には土型を用いた制作が始まり、博多祇園山笠などの町人文化に支えられ発展し、江戸時代後期に、正木宗七（宗七焼）や中ノ子吉兵衛、白水武平といった名工たちの活躍により、全国に流通するようになった。明治時代にはパリ万国博覧会への出品により話題となり、さらに大正時代にかけて単なる玩具から美術品へとイメージを一新した。

分野も多岐にわたり、その意匠も趣もさまざま。代表的なのが、能の演目に題材を求めた作品で装束のリアルさが見どころの「能もの」、芝居をテーマにした「歌舞伎もの」、艶やかな美しさの「美人もの」、猛々しい「武者もの」、七福神やお多福などの「縁起もの」、あどけない子供の表情に笑みがこぼれる「童もの」、武者人形や雛人形などの「節句もの」、仏教や道教にまつわる話の「道釈もの」、縁起ものの代表格「干支もの」などがある。表現するものが多くバラエティーに富んでいるのは、それぞれの人形師が独自の個性をもって、その感性で表現するためだ。精緻なつくりでリアルな姿が魅力的だ。

「博多祇園山笠」は博多人形師にとって最大の腕の見せ場である。飾り山の人形づくりは1437（永享9）年、京都から招かれた細工物師によって伝えられ、以後、歴代の人形師が一手に担って受け継いでいる。山笠の細工人形は、博多人形の第二の系列として、素焼き人形ではなく、木、タケ、布、藁、和紙などを材料として、ウマも人も等身大でつくられ、その大きさは迫力満点だ。

八女福島仏壇（八女市）

八女福島仏壇は、漆塗りと金箔押しを基本とする金仏壇である。八女伝統工芸館には、福島仏壇組合の技を結集して製作された約100年前の仏壇が展示されている。「金仏壇御堂造り外三方開」と呼ばれる仏壇は、地元のヒノキを用い、釘を使わずにほぞ組でつくられている。内部にお寺の建物と同じつくりの宮殿を収め、全体に彫刻や金具、漆塗り、金箔押し、蒔絵などの技を駆使した装飾が加えられ、静かに輝いている。

八女福島仏壇の始まりには、指物大工の物語がある。江戸時代後期の1821（文政4）年のある日、指物大工の遠渡三作は、荘厳華麗な仏閣の夢をみて思い立ち、同業者の井上利久平、平井三作に協力を求めて仏壇づくりを志したという。実際に製造技術が確立されたのは江戸時代末期の1850年頃（嘉永年間）で、仕上師18人、金具師14人、彫刻師7人、仏師7人、木地師10人を数えるほどに発達し、明治時代になると一般家庭の需要も増し、産業として確立した。

八女福島仏壇の産地では、「そもそも仏壇とは何か」という仏壇の背景を再認識する催事を企画するなど、改めて仏壇の意義を考え、今の暮らしの中の仏壇について、使い手とともに問いかけていく姿勢をみせている。

藍胎漆器（久留米市）

藍胎漆器は、竹を編み、漆を塗った器である。手にもてば軽く、赤と黒を基調とした艶やかな漆に彩られている。菓子入れやパン皿、書類入れなど、手元に置いて使いたい伝統工芸の一つである。

タケは、初冬に切り出し、乾燥させ、割って竹ひごをつくる。網代編などの編み方で、盆や篭などの形に仕上げ、網目の隙間を埋めて下地を整える。次に下地の上に漆を塗り重ねる。黒漆と朱漆を層にしておき、砥石で表面の漆を削り、下に塗った漆を適度に出して模様をつくり、表面を保護する透漆（透明な漆）を塗って仕上げる。

江戸時代、久留米藩では、豊富なマダケを使った竹細工が盛んであり、京都から招いた塗師から漆塗りの技法を得ていた。藍胎漆器は、明治時代になり、久留米藩の塗師と竹細工師と茶人の協力により創造された。中国の漆塗りの技法を目にして、竹細工に漆を塗ることを思いついたとされる。竹と漆の組み合わせは地元で人気となり、つくり手が増えた。京都市で開催された第四回内国勧業博覧会に出品したときに、「竹篭を胎む（素地とする）」漆器、すなわち「藍胎漆器」と命名された。

博多曲物（福岡市）

博多曲物は、薄板を曲げてつくられる木工品である。福岡市・筥崎宮の木器を始め、建水などの茶道具、弁当箱や花入といった品々がある。「ぽっぽ膳」と呼ばれる白木に縁起物の松竹梅と鶴亀を描いた、子どもの成長を祝う独特のお膳もつくられてきた。

博多曲物は、スギやヒノキの薄板を熱湯で煮て柔らかくして曲げ、サクラの皮で綴じ合わせてつくる。工程は単純だが、木を見る目を養い、工程一つ一つを確実に押さえないと品物にならない。丁寧に使えば10年も長もちする。「まげもん」と呼ばれて親しまれてきた博多曲物は、環境問題を暮らしの中で考えるとき、存在価値を増す木の器である。

博多曲物には、神功皇后が博多の馬出で皇子を産み、その胞衣（胎盤（たいばん））を収める容器として曲物「筥」をつくったという物語がある。江戸時代前期、藩の儒学者であった貝原益軒は、実地見聞に基づいて『筑前国続風土記』を書いた中に、筥崎八幡宮の西にある博多馬出町に曲物をつくる人々が暮らしていたと記している。

民　話

地域の特徴

日本の南西端、九州北部に位置する福岡県は北は玄界灘・響灘(ひびきなだ)・周防灘(すおうなだ)、西南は有明海に面し、関門海峡を隔て本州西端と隣接する。筑後川、遠賀川、矢部川などが流れる合間に福岡、筑紫などの4平野が広がり、筑後川以北には筑紫山地、以南には筑後山地が走る。森林は少なく、日本海型ながら年間を通して温暖な気候で、比較的なだらかな地形のため農用地や可住地の面積が広い。大分、佐賀、熊本に隣接し、九州と本州を結ぶ行政や交通の要衝でもある。また、国の中心から見れば辺境であるが、朝鮮半島や中国大陸に相対し先進文化が流入する地勢のため古来から外交・国防の要衝の地として地域や文化の形成に影響を与えてきた。地理的・歴史的・経済的特性から、4地域に分けられる。

北東部に位置する北九州（豊前）地域は、官営八幡製鉄所による重工業発展を背景に先端科学の教育・研究機関が集まる、九州最大の工業・技術集積地である。北西部の福岡（筑前）地域は、太宰府と外港博多を中心に発展した九州の中枢管理都市。アジアでの文化・情報の交流拠点・交通基盤を目指す。中央部の筑豊地域は、日本一の石炭産地として発展したが、エネルギー革命により新たな産業基盤整備を進める。南部の筑後地域は、豊かな自然や多様な産業・文化に基づき、農林水産業や地場産業を展開。三池炭鉱閉山後は環境・リサイクル産業を集積している。

伝承と特徴

福岡県での民話採集は明治末から始まり、文部省要請による調査をまとめ標準語で表記した『福岡昔話集（原題―福岡県童話）』『筑紫野民譚集』「浮羽郷土伝説集」などが刊行された。地域別では、408話の伝説昔話を収録する『筑前伝説集』、610話収録の『豊前地方昔話集』、児童への提供と再話化を目的に福岡教育大学の学生が320話を採集した『福岡の民話』などがある。また、県内に多数伝わる愚か村話には、「寒田噺（さわだばなし）」が早期の資料として挙げられる。

話型では、福岡の地理・地勢的要素や歴史的背景と深くかかわる伝承が色濃く残る。大陸的で多様性がみられる筑前では、海の信仰や政治的人物の伝説が、筑豊では宇佐神宮・修験道の影響や川気質が、筑後では有明海との関与が窺える。全体として愚か村話や笑話（筑前の「福間話」、豊前の「寒田噺」「文吾・文吾郎話」）が多い。筑後川の氾濫と豊穣の恵みは水神信仰や人柱、河童譚を生み、海外色が濃いものには神功皇后伝説をはじめ、徐福（じょふく）や仏教僧など朝鮮・中国・インドからの渡来伝説、貴人が流離する物語として菅原道真伝説、平家落人伝説などが伝わる。ほかに、長者譚、報恩譚、因縁話、智慧の働き、「竹の笛」などの継子譚、「和尚と小僧」「正直爺と慾爺」、猿の尻が赤い由来譚「猿と蟹」、「狐の怪」などが顕著である。

おもな民話(昔話)

歌い骸骨

殺された者の骸骨が肝心な時にあえて歌わず仇討ちを果たす因縁話。筑前に伝わるのは、ある節会踊の場で、人気者のイキは彼を憎む他村のカツに殺される。一年後、カツはイキを殺した場所で美しい歌声を聞く。それはイキのシャレコウベであった。金儲けを考えついたカツは庄屋の前に出るが、シャレコウベが歌わなったために首をはねられる。と、それまで黙っていたシャレコウベは「これで恨みは晴れた」と歌った（『福岡の民話』）。

直接的内因「因」と間接的外因「縁」の超自然的原理により事柄は生起するという思想に基づく話である。

ツガニの恩返し

過去に救済した動物の恩返しで危機を脱する動物報恩譚の一つ「蟹報恩」で、筑後では禁忌や地名由来起源を伴う。三池山には山の神とされる一匹の大蛇が住み、秋には白羽の矢が刺さった家の娘が供えられた。ある年、名主の娘がいじめられていたツガニ（小蟹）を助ける。その後名主家に白羽の矢が刺さり、娘は供えられることになった。山の神が現れる時刻、娘は籠の外で荒れ狂う音を聞くが、やがて静まった。恐る恐る出てみると、大蛇は三つに寸断され三つの池は赤く濁り、周辺には無数のツガニがいた。以降、村人はツガニを食べず、山の池を三池と呼ぶようになった（『福岡の民話』）。

吉五の話／福間の又兵衛　滑稽な人物の言動に関する笑話。主人公は親しみやすさとずる賢さを併せもつケチで狡猾な場合もあるが、知恵によって他人を利用し企みの目的を達成する。例えば、ある年吉五が田植えをしようと思ったが牛がいないため田を耕せなかった。そこで一計を案じ、田の中に高い竿を立て村の者に「今日は天にのぼるので見てくれ」と触れまわる。集まった大勢が「危ない」と言うと、「それでは止める」と下りて来る。田は見事に踏まれていた（「吉五の話（天上り）」『福岡昔話集』）。

主人公名は吉吾・文五・福間の又兵衛など、豊前や筑前で濃厚な分布を示す。

寒田噺／野間話　全国的に分布する愚か村話の一つ。福岡県では築上郡築上町寒田を舞台にした「寒田噺」や宗像郡に「野間話」が伝わる。代表的な話例「チョウズを回せ」は、殿さまが宿泊することになり、庄屋が寒田の者たちを呼び集める。「手水を回せ」という命令を「長頭」と勘違いし、一番頭の長い長兵衛が力持ちの松吉に頭を振り回され気絶する、という話（「寒田のチョウズ」『福岡の民話』）。

物知らずや聞き間違い、誤解から起きる失敗や愚行を笑う滑稽談で、事実や経験談として語られることもある。

おもな民話（伝説）

神功皇后伝説　仲哀天皇の皇后で、身重ながら新羅に出兵した神功皇后は、八幡神（応神天皇）の母神としての信仰を集める。記紀神話の他にも、三韓征伐や羽白熊鷲討伐、鎮懐石伝承、松浦川の鮎釣り伝承など、史話神話の伝説が多く、九州北部での分布が濃厚である。遊幸や貴子出生の内容に、地名起源伝承や産育習俗なども伴う。具体的には、三韓征伐に際し神に祈誓して「勝利を得るならばこの鎧は緋色に染まれ」と白糸の鎧を井戸水に浸すと忽ち染まった染井〔糸島市〕、皇后の甲冑を埋めた鎧塚〔宗像市〕、鎧掛け松〔糸島市、甘木市〕、皇后休息の鞍掛け石〔朝倉市、糸島市〕、船つなぎ石〔築上郡、朝倉郡三輪町、糸島市〕などがある。他にも三韓征伐渡航を助けた阿曇磯良丸が出現時に乗っていた亀が石になった亀石〔福岡市〕、皇子誕生地〔宇美市〕、皇子の胞衣を納めた管松〔福岡市〕、那珂川中流域で開削し灌漑を成功させた裂田溝〔筑紫郡〕、斎宮跡の聖母屋敷〔粕屋郡〕など『豊国筑紫路の伝説』に多数挙げられる。

菅原道真伝説

和歌にたけ政治家としても優れた平安時代の菅原道真は、讒言(ざんげん)によって筑紫の大宰府（古代の政府機関）に左遷され、悲嘆のうちに没した。後に雷神になったと信じられ、天神ないし御霊として信仰された。道真の菩提寺の安楽寺の墓所に建てられた太宰府天満宮は、学業祈願、農耕神として崇(あが)められる。伝承では、道真が左遷時に歌った「東風(こち)吹かば　匂ひおこせよ　梅の花　主なしとて　春な忘れそ」にちなみ、道真を慕い追いかけてきたとされる「飛梅」や梅に名残を惜しむ「梅花石(ばいかせき)」〔北九州市〕などが多くみられる。また、旅の途上の腰掛石〔福岡市、築城町〕や水鏡伝説〔福岡市〕、天に我が身の無実を訴えた天拝山伝説〔筑紫野市〕などもある（『豊国筑紫野の伝説』）。

三池長者

富裕者の繁栄と没落を描く長者譚は、福岡県内では多彩に残る。筑前では満野・虎丸・千代島・千並、筑後では大間・三池・勝山・原などの名が挙げられる。内容は長者屋敷、神仏霊験、埋蔵金を主題にしたものが主で、社寺縁起や人身御供の付随もある。埋蔵金伝説は三池・千代島・千並・大間の各長者にあるが、中でも朝日長者と称される三池長者（藤吉種継）は代表といえる。

娘を宮中に召されることになった長者が迎えの使者に一計を巡らし、小(この)魚(しろ)を焼いた臭気で急死した娘の火葬を装い、「立ちいでて　池のほとりをながむれば　わがこのしろに　つなじ焼くらむ」という歌を詠んだ。その後平家武将と恋仲になった娘は、朝日を呑む夢を見て妊娠、男児を生むが、恐れからその子を捨てた。子は僧に拾われ、朝日寺〔久留米市〕を開基する。財宝隠しの所在を示すという歌「朝日さす　夕日輝く　その下に七つならびが　七ならび　黄金千両　朱(あけ)千両　だとうの杖の　つくかつかぬか」が謎めいて語られる（『筑紫野民譚集』）。

平安時代末期西国で勢力をもち九州も支配下に治めた平家は、源平合戦（壇ノ浦の戦い）で滅亡する。その平家一族の末路を語る落人伝説は、九州に多く分布する。福岡県内でも例外ではなく、落人の末裔を自認し語る平家谷・平家村が存在し、長者譚と関わるところに特徴がある。ほかに、切れそうな堤を味噌で補修して防いだ味噌堤の「八並長者」〔朝倉郡〕、炭焼長者譚の「満野長者」〔朝倉郡〕、妖怪退治譚の「原長者」〔三井郡〕などが伝わる。

おもな民話(世間話)

河童 水界の妖怪「河童」は当地では「筑後次郎」とも呼ばれ、筑後川、用水池や濠、山にも出没する。筑紫野中心に多く語られ、田主丸(たぬしまる)では観光資源として活用されている。福岡県内では久留米市瀬下町をはじめ安徳天皇や二位の尼を祀る水天宮が多く存在し、安産の神として信仰が篤い一方、水神の性格もあわせもつ。瓢箪(ひょうたん)型御守りは河童の難避けという俗信があり、現在でも子どもたちがこぞって購入する。馬と水神との信仰的つながりを窺わせる話では馬を水中に引き入れる「河童駒引」が有名だが、人間に捕らえられた河童の失敗譚は、福岡県内でも例外ではない。秘伝薬の由来譚「河童の接骨法伝授」(『筑紫野民譚集』)、河童退治の話を聞き子どもたちを川に引き込むことは止めると約束した「河童の約束状」(『福岡の民話』)や切り落とされた片腕を返してと懇願する話〔三潴(みずま)郡〕は多い。三月三日に高間堤を通ると河童に阻まれ相撲を挑まれる。何度も向かってくるので辟易(へきえき)し、河童が嫌うという手に唾(つば)して身構えると逃げて行ったという、相撲好きな河童の話(『筑紫野民譚集』)など多彩である。

人柱 長雨により氾濫が多発した筑後川をはじめ、水路・ため池築造に関して、水を鎮めるために人身御供となる人柱の話は福岡県内に多く残されている。他地域と同様に、女性が主人公の悲話であることが多い。筑後での採話では、筑後川とその枝川が集まるためおびただしい害を被るので、老爺(ろうや)の言葉で堰(せき)をつくることにする。しかし何度も流されるので、貧乏で正直な百姓の一人娘、9歳のおさよを人柱にし、六日後に堰は完成した。おさよの骸(なきがら)が発見され、撫でるとおさよは生き返った、という(「筑後川の人柱」『筑紫野民譚集』)。ほかに、北九州市「稗の粉の堤」、豊前市「池尾の池」、田川市「大浦の池」なども伝わる。

海御前

地域の特徴

現在の福岡県は、①北側が海に面した福岡市を中心とする平野部で、九州全体の中枢の位置を占める「福岡地域」、②かつて日本一の産炭量を誇り、日本の近代化の一翼を担った遠賀川(おんががわ)流域の「筑豊地域」、③九州第一の工業地帯を抱える北九州市を中心とする沿岸部の「北九州地域」、④筑後川両岸に広がる平野部で、農業と地場(じば)産業が盛んな「筑後地域」のように、地理的・社会的な特徴によって四つの地域に区分される。

これらの地域は、古代の筑前国と筑後国、そして豊前(ぶぜん)国の大部分と重なる。江戸時代には、筑前は福岡藩とその支藩の秋月藩、筑後は久留米藩、柳川藩とその支藩の三池藩、豊前は小倉藩とその支藩の小倉新田(しんでん)藩、現在の大分県中津市に藩庁を置いた中津藩の領地となり、古代から現代に至るまで、ほとんど地域の範囲が変化していないことがわかる。

こうしたことから、福岡県の妖怪文化は、まず上記の4地域の歴史と地理の違いを念頭に置いて、特徴を俯瞰(ふかん)することが重要だと思われる。

伝承の特徴

県内全域にわたってきわめて多くみられるのが河童に関する伝承である。とりわけ、近世初期に広大な水田開発が行われた筑後川流域は、日本を代表する河童伝承地帯といえよう。現在では、久留米市田主丸町などで、河童伝説を観光資源として地域おこしが盛んに行われている。

さらに地域別に概観すると、福岡・北九州地域の沿岸部では船幽霊、海女(うみおんな)、海御前(うみごぜ)など、海と深いつながりをもつ妖怪伝承が豊富にみられたことが注目に値する。筑後・筑豊の平野部（里）では河童と並んで、村の周囲に出没する狐と狸にまつわる怪異が盛んに語られ、福岡・大分の県境に位置する英彦山(ひこさん)は修験道の山として有名であることから天狗の怪異譚が語られた。大都市である博多は自然から遠く離れ、人口密集地域であったため、また、筑豊の炭鉱地域では大小の人身事故が相次いで起こったため、人の化け物、すなわち幽霊が登場する怪異譚が数多く語られた。

主な妖怪たち

小豆シャキシャキ　小豆を洗う音が聞こえる怪異。小豆洗いの仲間と捉えることができる。福岡市西区の畑中地区や草場地区では、寺院の陰や地蔵のところで小豆をかきまわすような音が聞こえると、幽霊や化物が出るとされた（『西南学院大学民俗調査報告』1）。

飴買い幽霊　子どもを育てる幽霊。毎夜、丑三つ時（午前2時頃）若い女性が飴を買いに来るので、不審に思った飴屋が女の後をつけて行くと、安国寺（福岡市中央区）の中に入り姿が消えた。境内には新しい卒塔婆（墓標）が立っており、地中から赤ん坊の泣き声がする。飴屋が寺の住職と墓を掘ってみると生きた赤ん坊が出てきた。死亡した母親が幽霊となり、乳の代わりに飴で我が子を育てようとしていたのだ。しかし、その赤ん坊は数日後に亡くなった。寺の記録によると1679（延宝7）年の出来事だという。同じような話は、博多区上呉服町の明光寺（『ふくおか歴史散歩』1）や鞍手町でも語られた（『鞍手町誌』民俗・宗教編）。

馬の足　夜道で遭遇するとされた妖怪。夜になると、古い塀を越えて伸びている木の枝に馬の片足が下がっており、気づかずにその下を通ると、それに蹴飛ばされた（『民間伝承』4-7）。久留米市原古賀町では、切られて根だけになった大きな榎の上に狸が登り、通行人を驚かせるため砂をふらせたり、真夜中に長さ1丈（約3m）の馬の足をぶら下げたりした（『筑紫野民譚集』）。この馬の足は、春日市（『むかしの生活誌』総集・補遺編）、福岡市内（『大正の博多記』2）などでも目撃されたという。

馬の首　これも夜道で遭遇する妖怪。夜、峠道を通っていると、松の木の枝に大きな馬の首がぶら下がり、目がギョロリと光った（『宗像市史』通史編4）。福津市では榎に下がり（『福間町史』明治編）、嘉麻市では竹やぶにぶら下がった（『稲築町史』下巻）。

海女　海面を歩く女性の妖怪。大島など、県東北部の沖には海女とよばれる妖怪がおり、海の上を歩きまわっているところを漁師たちに、しばしば目撃された。しかし、特に何かをするということもなかった（『旅と伝説』5-8）。

海御前（うみごぜ）　「うみごぜん」や「あまごぜ（ん）」ともよばれた。北九州市門司区には、壇ノ浦の戦いで源氏に敗れ、海へ身を投じて死んだ平家一門の怨霊が河童となったという伝承がある。平清盛の甥である平教経の妻（母親とする説もある）の遺体が大積（おおつみ）の海岸に流れ着き、里人たちによって葬られ、水天宮（すいてんぐう）として祀られた。墓と水天宮は大積の天疫（てんえき）神社の境内にある。その後、平家の男たちの怨霊は平家蟹、女たちは河童となり、教経の妻がその河童たちを束ねる総元締めとなり、海御前とよばれるようになった。海御前は毎年5月5日（節供）だけは支配を解いて河童たちを自由に放すが、その際、河童たちに、白い蕎麦（そば）の花が咲く前に戻るように告げる。これは、源氏の旗が白色であるため、蕎麦の花を恐れているからだという。また、自由になった河童たちは人間にいたずらをしたが、源氏一族の者以外には手を出さず、秋になり蕎麦の花が咲く頃になると、山に引き揚げると伝えられていた（『旅と伝説』8-8、『綜合日本民俗語彙』1、『北九州市史』民俗）。また、海ではなく、合戦で敗走した平家一門が乗った船が筑後川で転覆し、怨霊が河童となったという伝承もある（『久留米市史』5）。

河童　川や池など水中に棲み、人や牛馬に害をなす妖怪。福岡県内各地で数多くの河童伝承が伝えられてきた。伝説の内容は、人や牛馬にいたずらをする河童の手を切り落とし、ミイラとなった手が旧家や寺院に保管されているというものや、恩返しやいたずらの詫（わ）びとして接骨法や妙薬の製法を伝授したり、毎日魚を運んできたというような、全国的にみられるものである。この河童について、『筑紫野民譚集』に、次のように身体的特徴が詳述されている。3歳か4歳の小児のようで、頭の頂に通常1枚の水が入った皿がある。髪を垂れ顔は青く、顔に十文字の毛が生え、黒色の全身は密生した毛に包まれている。眼は一つか二つで、嘴（くちばし）があり、背中に亀甲を背負っている。手が長く指は3本で、爪がとても長い。鮮魚のような生臭いにおいを発散する。また、河童以外に、福岡市南部ではガンタロウ（河太郎）、北九州市や朝倉市ではカワントノ（河の殿）、筑豊地域ではカワントンやカワッパ、久留米市ではカワトノ、コウラワロウ、ガッパという呼称もあった。また、京都（みやこ）郡伊良原村（現・京都郡みやこ町）ではガッコとよんだが、春の彼岸に山を下りて川に入り、秋の彼岸の夜明けにヒョウヒョウと鳴きながら山に行った。山に入ると、隣県の大分、長崎、熊本、宮崎と同じくセコとよばれた（『綜合日本民俗語彙』1）。

川姫

築上郡に伝わる、若い男の精気を吸い取る女の妖怪。村の若者が水車小屋の側に集まっているときなどに、いつの間にか水車の影に美女が立っており、これを川姫とよんだ。これに心惹かれると、たちまち川姫に精気を吸い取られてしまうため、川姫を見つけると、その場にいる年寄りが戒めの合図をして、全員が下を向き、息を殺して災いから逃れられるようにした（『民間伝承』4-7）。

狐の怪異

2011（平成23）年、世界記憶遺産に登録された山本作兵衛の炭鉱記録画の一枚に、明治中期頃までは筑豊にはたくさんの狐が棲んでおり、人に取り憑いたり、人を化かしていたとある。同じ記録画の中に、1900（明治33）年、炭鉱事故で大火傷を負った坑夫のところに医師の他、20人ほどの者が見舞いに訪れたが、それらは焼けた人間の生皮を食べるために野狐が化けたものであり、焼けた生皮を食べると、狐は千年の長寿を得たという話が掲載されている（『筑豊炭鉱絵物語』）。

砂ふり婆

木の上から通行人に砂をふりかける怪異。三潴町（現・久留米市）では、深夜一人で歩いていると、大きな木の上から砂をふりかけて襲ってきた（『三潴町史』）。久留米市京町や三井郡宮ノ陣村（現・久留米市）では老婆ではなく、狸が榎の樹上から砂を降らせた（『筑紫野民譚集』）。

天狗倒し

英彦山の豊前坊あたりで、突然暴風が吹き出したかのような凄まじい音響の出ることをいった（『英彦山の民俗』）。星野村（現・八女市）では、山奥へ猟に行った夜、大きな木が倒れる音がするが、翌日行ってみると何事も起こっていない。これを天狗倒し、または天狗おどしとよんだ（『民俗採訪』昭和55年度号）。

人魚

水中に棲む、顔と上半身が人間で下半身が魚の化け物。1222（貞応元）年、博多津（博多港）に全長が81間（約145.8m）という巨大な人魚が上がった。すぐに鎌倉の幕府に知らせ、また、朝廷から勅使の冷泉中納言が検分に訪れ、博多の浮御堂に滞在した。地元の者たちが人魚を不老長寿の妙薬として食べようとしていたが、陰陽師の安倍大富が占うと、この人魚は国家長久の瑞兆であることが判明したため、浮御堂に葬ることになった。人魚が龍宮から来たと考えたため浮御堂を龍宮寺とし、山号を中納言にちなんで冷泉山とした。龍宮寺（福岡市博多区）の境内には人魚塚が建立され、本堂には人魚の絵の掛け軸と人魚の骨が安置されている（『福岡歴史探訪』中央区編）。

塗り壁(ぬりかべ)　遠賀(おんが)郡の海岸部では、夜道を歩いていると、突然先が壁になり、どこへも行けないようになることがある。それを塗り壁とよび恐れた。棒をもって下を払うと塗り壁は消えるが、上の方を叩いてもどうにもならないという。柳田國男の「妖怪名彙」に掲載された有名な妖怪であるが、柳田は伝承の出典を明らかにしていない。ちなみに大分県臼杵(うすき)市では、同じように通行を妨害する怪異を壁塗りとよんだ。

豊前坊(ぶぜんぼう)　九州の天狗の首領で、福岡県と大分県の県境にまたがる修験道の霊場として名高い英彦山(ひこさん)の高住(たかすみ)神社に祀られている。1903（明治36）年の初夏の頃、古処山(こしょさん)の麓、朝倉郡秋月（現・朝倉市）に豊前坊天狗が現れ、谷間から流れ出る湧水は難病治療に効果がある霊水だと語ったという噂が流れたことがあった（『筑豊炭鉱絵物語』）。

船幽霊(ふなゆうれい)　海に現れる幽霊もしくは怪しい船の怪異のこと。鐘崎(かねざき)（現・宗像市(むなかたし)）では盆の13日と15日には漁に出ず、もし、この日に漁を行うと船幽霊に会うといった。船幽霊が白い手を出して船の舷にぶら下がったこともあり、このときには用意してあった箒(ほうき)に火をつけて船の底を掃くと、幽霊は消えるとされた。また、夜、海面一帯が白くなる現象を「シキユウレイ」とよんだ。この中に入ると船が動かなくなったり、柄杓(ひしゃく)を貸せといわれたりした。鐘崎近くの波津(はつ)（現・遠賀郡岡垣町）では、これを「シキボトケ」とよび、船が動かなくなった。藍島(あいのしま)（北九州市）では船幽霊に会った時には一文銭の穴からのぞくのがよいとされた。波津では、お盆の満月で明るい夜の海上に、風に逆って進む帆船の影をはっきりと見ることがあり、これを「マヨイ船」といった。時には何も見えないのに、人の話声だけが聞えることもあった（『旅と伝説』5-8）。福岡市西区の宮浦地区では、夜、海に出ると、ヒダマ（人魂）がいっぱい乗った大きな黒い船が近づき「柄杓(ひしゃく)を貸せ」という。柄杓の底を抜いて貸さないと水を汲み込まれ、船が沈められるといった（『西南学院大学民俗調査報告』1）。

木綿ひき婆(もめんひきばば)　福岡市内のとある屋敷跡の空き地に落葉樹の古木があり、木が風に鳴る音が綿繰り車の音のようだった。子どもたちは、その音を聞くと木綿ひき婆だといって恐れた。白髪の老婆が木の下で綿くり車を回していて、人が通り過ぎると、振り返って恐ろしい目で睨んだという(『民間伝承』4-7)。

山アロー

大島村(現・宗像市)では、八朔(はっさく)の節供(旧暦8月1日)頃、山に入ると「オー」という声が聞え、これに化かされた人もあった。山アローは5歳ほどの子どものようだが、人間でも猿でもなく、短い髪、長い爪、緑がかった土色の肌をしていると考えられていた。また、その地域では河童ともよばれていた(『大島村史』)。熊本や九州山地などで「ヤマワラワ(山童)」とよばれる、河童の一種とされる妖怪がいたが、山アローはその仲間と考えられる。

山おらび

おらぶとは、大声で叫ぶという意味の方言である。主に山中で叫ぶと、それに呼び返す声が聞える怪異。山彦(やまびこ)とは異なるとされた。八女(やめ)地方では、山に入った者が「ヤイヤイ」と叫ぶと、山おらびも「ヤイヤイ」と叫び返し、人をおらび殺す。しかし、そのとき、破れ鏡を叩くと山おらびは負けてしまうという(『八女紀行』)。また、夜遅くまで子どもが起きていると、山おらびが来るから早く寝ろと親が言った(『民俗採訪』昭和55年度号)。

幽霊

博多など都市部の幽霊ではなく、筑豊という土地の特徴を明確に示す幽霊譚として、坑内での幽霊があげられる。坑内で死者が出ると、死体を地上に引き上げて供養しても霊魂は地下に残り、幽霊となってさ迷うと信じられていた。そのため、遺体を収容し炭函に乗せて巻き上げる際、同乗する者たちが交互に死者の名前を呼び、「アガリヨルゾー、今何片ぞー」と大声で叫んだ。そして坑口に出る前、いったん停止して、護山神の御守札を取り除けてから坑外にあがり、「あがったぞー」とみんなで叫んだ(『筑豊炭鉱絵物語』)。また、中間市蓮華寺(なかましれんげじ)の小笹峠で、「子どもを抱かせてあげよう」という女の声が聞えたので、通りかかった医者が恐れずに子どもを抱くと、女の幽霊が「炭坑の落盤事故で命を落とし、後に残したこの子が気がかりで成仏できなかったのだが、これで思い残すことはない」といって医者に珍しい薬草を渡したという話がある(『筑豊弁で語るちくほうの民話』)。これは通行人に子どもを抱かせる「ウブメ」や「オボ抱き」という、古くから日本各地に伝わる伝承と同じような内容の話だが、女の幽霊が炭鉱事故で死亡したと説明することから、古いタイプの伝承を地域や時代の特徴にあわせて変化させたと考えられる。

福岡県高校野球史

福岡県で最初に野球部が誕生したのは中学修猷館（現在の修猷館高校）で，1895年のこととされ，続いて97年頃に県立久留米中学明善（現在の明善高校）でも野球が始まった．以後，1900年に久留米商業，01年に中学伝習館（現在の伝習館高校）と豊津中学（現在の育徳館高校），02年に嘉穂中学（現在の嘉穂高校）で創部，15年の第1回大会には久留米商業が全国大会に出場した．

30年夏に小倉工業が初出場，以後福岡県勢は北九州地区の代表をほぼ独占，県内では小倉工業と福岡工業が2分した．

戦後復活した中等学校野球では，福島一雄投手を擁する小倉中学（現在の小倉高校）が一挙に全国を代表する強豪となった．47年の選抜では準優勝，夏には九州勢として初めて全国制覇した．翌48年夏には福島投手が5試合全てを完封，5試合で許したヒットはわずかに17本という完璧な内容で2連覇を達成した．小倉高校は54年選抜でも準優勝している．

62年夏には久留米商業が準優勝．65年夏には三池工業が初出場で優勝，監督の原貢が東海大相模高校に招聘されて以後，同校は甲子園に出場していない．その後，県内では柳川商業（後に柳川高校と改称）が台頭，次々と新しい学校が甲子園に出場し戦国時代となった．

88年夏には福岡第一高校が準優勝，92年夏には西日本短大付属高校が県勢として27年振りに全国制覇を達成した．森尾和貴投手は5試合を全て完投して4完封，失点はわずかに1だった．

さらに福岡工大付属高校，常磐高校，東筑紫学園高校，東福岡高校，小倉東高校，九産大九州高校など次々と新しい高校が出場する一方で，柳川高校なども活躍，戦国時代が続いている．

2011年春には九州国際大付属高校が準優勝．18年夏の記念大会では初めて南北2校の代表を甲子園に送った．

主な高校

飯塚高（飯塚市，私立）

春0回・夏2回出場
通算1勝2敗

1962年飯塚高校として創立．2003年創部．08年夏に甲子園初出場，12年夏には広島工業を降して初戦を突破している．

北九州市立高（北九州市，市立）

春2回・夏0回出場
通算1勝2敗

1963年市立戸畑商業高校として創立．2007年北九州市立高校と改称．

1964年創部．戸畑商業時代の71年選抜に初出場，福井商業を降して初戦を突破した．72年選抜にも出場している．

九産大九州高（福岡市，私立）

春2回・夏1回出場
通算1勝3敗

1964年九州産業大学の附属校として創立し，同時に創部．99年選抜で初出場．2001年夏に初勝利をあげた．15年春にも出場．

九州国際大付高（北九州市，私立）

春2回・夏7回出場
通算9勝9敗，準優勝1回

1958年八幡大学附属高校として創立．89年大学の名称変更に伴い，九州国際大学附属高校となった．

創立と同時に軟式で創部し，60年硬式に移行．八幡大付高時代の79年夏に甲子園初出場．2009年夏に九州国際大付高校として27年振りに甲子園に復活すると，11年選抜では準優勝した．15年夏もベスト8まで進んでいる．

久留米商（久留米市，市立）

春5回・夏4回出場
通算12勝9敗，準優勝1回

1896年久留米簡易商業学校として創立し，翌97年市立に移管して久留米商業学校となる．1948年の学制改革で久留米商業高校となる．

00年創部．15年夏の第1回大会に九州代表として出場した．56年の選抜で41年振りに甲子園に復活，57年春にはベスト4に進み，62年夏には準優勝．83年夏にもベスト4に進んでいる．85年夏を最後に出場していない．

小倉高（北九州市，県立）

春 11 回・夏 10 回出場
通算 27 勝 19 敗，優勝 2 回，準優勝 2 回

1907年県立小倉中学校として創立．48年の学制改革で県立小倉高校となる．49年市立小倉商業高校を統合して小倉北高校と改称したが，翌50年に小倉高校に戻した．60年に小倉商業高校を分離．

08年創部．19年夏に全国大会初出場．戦後，小倉中学時代の47年選抜で準優勝し，同年夏に優勝．翌48年夏には小倉高校として2連覇した．54年選抜でも準優勝している．以後も出場を重ねたが，78年選抜を最後に出場していない．

小倉工（北九州市，県立）

春 9 回・夏 8 回出場
通算 14 勝 14 敗

1899年県立福岡工業学校小倉分校として創立．1902年独立して県立小倉工業学校となる．48年の学制改革で小倉工業高校となり，翌49年に小倉中央高校と改称したが，53年小倉工業高校に戻る．

20年に創部し，30年夏甲子園に初出場すると，戦前だけで春夏合わせて12回出場した．31年夏にはベスト4まで進んでいる．戦後も61年選抜で甲子園に復活，66年夏はベスト4に進んだ．67年夏を最後に出場していない．

小倉東高（北九州市，県立）

春 2 回・夏 0 回出場
通算 3 勝 2 敗

1979年県立小倉東高校として創立し，81年に創部．94年選抜に初出場すると，石山高校，日大三高を降してベスト8まで進出した．96年選抜でも初戦を突破している．

小倉南高（北九州市，県立）

春 1 回・夏 1 回出場
通算 0 勝 2 敗

1906年企救農学校として創立し，23年に県立に移管．38年小倉園芸学校と改称．48年の学制改革で県立小倉園芸高校となり，翌49年に私立紫水高等女学校と合併し，県立小倉南高校となった．

50年創部．73年選抜で初出場．75年夏には初戦で上尾高校と対戦，9回に追いつかれ，延長10回裏にサヨナラホームランで敗れた．

自由ケ丘高（北九州市，私立）

春 1 回・夏 1 回出場
通算 1 勝 2 敗

1947年福原高等学院として設立し，50年八幡西高校が開校．64年九州

共立大学八幡西高校と改称．2002年九州女子大学附属高校を統合し，自由ケ丘高校と改称した．

1964年創部．2010年選抜に初出場すると，初戦で東海大相模高校を降して注目を集めた．13年夏にも出場している．

真颯館高（北九州市，私立）

春0回・夏2回出場
通算0勝2敗

1936年九州工学校として創立．48年の学制改革で九州高等工科学校となり，53年九州工業高校に昇格．99年真颯館高校と改称．

57年創部．九州工業時代の70年夏に甲子園初出場，大分商業との初戦は延長15回の末に敗れた．94年夏にも出場している．

筑陽学園高（大宰府市，私立）

春1回・夏2回出場
通算2勝3敗

1923年九州家政女学校として創立し，35年筑陽女学校と改称．44年筑陽女子商業学校となり，48年の学制改革で筑陽女子高校となる．65年系列の太宰府高校と統合し，共学の筑陽学園高校と改称した．

60年に創部後，休部を経て，82年に復活．2003年夏に甲子園初出場，19年選抜ではベスト8まで進んだ．

東海大福岡高（宗像市，私立）

春2回・夏0回出場
通算3勝2敗

1966年東海大学第五高校として創立．2004年東海大学附属第五高校，16年東海大学附属福岡高校と改称．

1971年創部．東海大五高時代の85年選抜に初出場して，初戦を突破した．東海大福岡高校と改称後，2017年選抜でベスト8まで進んだ．

東筑高（北九州市，県立）

春3回・夏6回出場
通算3勝9敗

1898年東筑尋常中学校として創立し，間もなく東筑中学校と改称．1948年の学制改革で東筑高校となる．49年県立折尾高校，八幡市立商業高校を統合．

創部は00年とも02年ともいう．53年夏に甲子園初出場．72年夏に2度目の出場を果たすと，以後は出場を重ねている．78年夏には3回戦まで進んだ．近年は，2017年夏と翌18年春に2季連続出場している．

戸畑高（北九州市，県立）

春４回・夏４回出場
通算３勝８敗

1936年県立戸畑中学校として創立．48年の学制改革で戸畑高校となる．

46年創部．57年夏甲子園に初出場するとベスト4まで進出した．59年には春夏連続出場した．近年では2005年選抜に出場している．

西日本短大付高（八女市，私立）

春１回・夏５回出場
通算９勝５敗，優勝１回

1962年に創立し，翌63年創部．86年夏に甲子園初出場．92年夏には森尾和貴投手が全5試合を完投して4完封，失点はわずかに1という好投を見せて全国制覇した．近年では2010年夏に出場している．

博多工（福岡市，市立）

春４回・夏０回出場
通算５勝４敗

1940年市立第一工業学校，第二工業学校として創立．48年の学制改革の際に，両校を統合して市立博多工業高校となる．

46年創部．63年選抜に初出場し，以後7年間に春夏合わせて4回出場，64年春と69年春にはベスト4まで進んでいる．69年春以降は出場していない．

東筑紫学園高（北九州市，私立）

春２回・夏０回出場
通算２勝２敗

1936年筑紫洋裁学院として創立し，43年東筑紫技芸女学校となる．48年の学制改革で東筑紫高校を開校し，62年に東筑紫短期大学附属高校となった．92年東筑紫学園高校と改称した．

91年創部．1期生が3年生となった93年選抜に初出場すると，ベスト8まで進んだ．2005年選抜にも出場している．

東福岡高（福岡市，私立）

春２回・夏４回出場
通算４勝６敗

1945年に創立された福岡米語義塾が前身．49年には九州貿易専門学校が設立され，54年に東福岡高校創立，翌55年に開校．

55年の開校と同時に創部．93年夏甲子園に初出場し，98年春に初勝利．2001年選抜ではベスト8まで進んだ．近年では17年夏にも出場している．

福岡工（福岡市，県立）

春5回・夏4回出場
通算5勝9敗

1896年県立福岡工業学校として創立．1948年の学制改革で県立筑紫工業学校と合併し，県立福岡工業高校となった．49年福陵高校と改称するが，53年福岡工業高校に戻る．

13年創部．37年選抜に初出場すると，以後41年までの5年間で春夏合わせて8回出場．40年選抜ではベスト4に進んでいる．戦後は58年選抜に出場し，ベスト8に進出した．

福岡工大城東高（福岡市，私立）

春3回・夏2回出場
通算5勝5敗

1954年福岡高等無線電信学校として創立し，58年福岡電波高校となる．74年福岡工業大学附属高校，2001年福岡工業大学附属城東高校と改称．

1958年に創部し，福岡工大付高時代の92年選抜に初出場．97年夏には初勝利をあげた．2004年選抜では福岡工大城東高校としてベスト8に進んでいる．

福岡第一高（福岡市，私立）

春1回・夏2回出場
通算6勝3敗，準優勝1回

1956年に創立し，同時に創部．74年夏甲子園に初出場して初戦を突破．88年には前田幸長と山之内健一という強力バッテリーを擁して春夏連続出場し，夏には準優勝した．以後は出場していない．

福岡大大濠高（福岡市，私立）

春5回・夏3回出場
通算9勝8敗1分

1948年大濠中学校が創立し，51年に福岡商科大学附属大濠高校として創立．56年福岡大学附属大濠高校と改称．

創立と同時に創部．81年夏甲子園に初出場し，89年夏にはベスト8に進出．近年は2017年選抜と21年選抜でベスト8に進んでいる．

豊国学園高（北九州市，私立）

春0回・夏2回出場
通算2勝2敗

1912年豊国中学校として創立．48年の学制改革で豊国学園高校となる．64年門司工業高校と改称．66年小倉中央高校を統合し，81年に豊国学園高校に改称した．

20年夏甲子園に初出場．翌21年夏にはベスト4まで進んだ．戦後，門司工時代の74年秋の九州大会で優勝，翌75年の選抜に出場が決まっていたが，開幕前日に生徒の不祥事で辞退した．その後は出場していない．

三池工（大牟田市，県立）

春0回・夏1回出場
通算5勝0敗，優勝1回

1908年三井工業学校として創立．48年の学制改革で三池工業高校となり，50年に県立に移管して三池南高校となる．53年三池工業高校と改称．

47年頃に創部されたという．原貢監督が就任して強くなり，65年夏甲子園に初出場すると初優勝を達成した．以後は出場していない．

明善高（久留米市，県立）

春0回・夏2回出場
通算0勝2敗

久留米藩学問所・明善堂が前身で，1879年県立久留米中学校として創立．89年県立久留米中学明善校となり，99年県立中学明善校と改称．1948年の学制改革で県立明善高校となる．

1897年頃から活動し，16年夏に甲子園初出場．初戦で広島商業に大敗した後，敗者復活に回り，再び鳥取中学に敗れて1大会で2敗を喫した．18年夏にも出場を決めたが，米騒動で大会が中止となり1試合もできなかった．以後は出場していない．

柳川高（柳川市，私立）

春8回・夏8回出場
通算13勝16敗

1941年柳河商業学校として創立．48年の学制改革で柳川商業高校となる．80年柳川高校に改称．

46年創部．60年選抜で初出場．73年夏には1回戦で江川卓投手の作新学院高校と対戦，延長15回まで食い下がったがサヨナラ負けを喫した．76年夏に三重高校を降して初勝利，この大会では末次秀樹が8打席連続安打の大会記録をつくった．91年夏にはベスト8に進出，2000年にも春夏連続してベスト8に進んだ．

⚾福岡県大会結果（平成以降）

	優勝校	スコア	準優勝校	ベスト4		甲子園成績
1989年	福岡大大濠高	6－4	西日本短大付高	博多工	修猷館高	ベスト8
1990年	西日本短大付高	9　4	福岡工大付高	柳川高	戸畑商	ベスト4
1991年	柳川高	2－1	沖学園高	西日本短大付高	九州産業	ベスト8
1992年	西日本短大付高	4－1	福岡工大付高	柳川高	小倉高	優勝
1993年	東福岡高	6－0	小倉東高	福岡工大付高	小倉高	初戦敗退
1994年	九州工	6－4	九州国際大付高	小倉高	福岡工大付高	初戦敗退
1995年	柳川高	6－4	福岡工大付高	西日本短大付高	小倉東高	3回戦
1996年	東筑高	2－1	東福岡高	福岡大大濠高	福岡工	2回戦
1997年	福岡工大付高	7－5	柳川高	小倉東高	九州高	3回戦
1998年	東福岡高	13－0	東筑高	福岡工大付高	柳川高	初戦敗退
1999年	東福岡高	5－2	九産大九州高	大牟田高	柳川高	初戦敗退
2000年	柳川高	3－1	福岡工大付高	直方高	東筑紫学園高	ベスト8
2001年	九産大九州高	10－1	福岡工	戸畑商	柳川高	2回戦
2002年	柳川高	11－8	九州国際大付高	福岡第一高	九産大九産高	2回戦
2003年	筑陽学園高	13－8	九産大九州高	戸畑商	西日本短大付高	初戦敗退
2004年	西日本短大付高	6－0	福岡第一高	中間高	東筑紫学園高	初戦敗退
2005年	柳川高	4－2	戸畑商	東筑高	沖学園高	初戦敗退
2006年	福岡工大城東高	14－1	柳川高	筑陽学園高	飯塚高	3回戦
2007年	東福岡高	9－5	沖学園高	飯塚高	祐誠高	2回戦
2008年	飯塚高	6－1	沖学園高	豊国学園高	東福岡高	初戦敗退
2009年	九州国際大付高	9－0	筑陽学園高	自由ケ丘高	修猷館高	3回戦
2010年	西日本短大付高	4－0	東福岡高	飯塚高	東海大五高	3回戦
2011年	九州国際大付高	11－2	東筑高	大牟田高	福岡工大城東高	初戦敗退
2012年	飯塚高	4－2	福岡第一高	福岡大大濠高	九産大九産高	2回戦
2013年	自由ケ丘高	9－1	南筑高	九産大九州高	門司学園高	初戦敗退
2014年	九州国際大付高	16－0	北筑高	自由ケ丘高	東筑高	初戦敗退
2015年	九州国際大付高	4－0	東海大五高	小倉高	八幡南高	ベスト8
2016年	九州国際大付高	4－3	福岡工大城東高	真颯館高	福岡第一高	初戦敗退
2017年	東筑高	3－1	福岡大大濠高	西日本短大付高	久留米商	初戦敗退
2018年 北	折尾愛真高	12－9	飯塚高	北九州高	小倉高	初戦敗退
2018年 南	沖学園高	1－0	九産大九州高	福岡大大濠高	香椎高	2回戦
2019年	筑陽学園高	7－4	西日本短大付高	九州国際大付高	東筑高	初戦敗退
2020年	（ブロック大会のみ開催）					（中止）

注）2002年の決勝は延長15回4－4で引き分け再試合

やきもの

高取焼（茶入）

地域の歴史的な背景

福岡県は、筑前・筑後・豊前の3国から成り立っている。北は玄界灘・響灘を隔てて朝鮮と相対し、東は周防灘を経て山口県に対する。西は背振山地と筑後川の下流で佐賀県と接し、筑肥山地で熊本県と接する。つまり、九州全域と本州とを結ぶ要の位置を占めており、日本と大陸の接点にもなるのである。

こうした要石的な地位は、日本の政権が畿内の大和や京都に形成され、鎌倉や江戸へと移されていく間も、大陸に対する政策が幾度となく変転を重ねても変わることがなかった。大陸から伝来したものは、まずここにもたらされ、瀬戸内海を通り、畿内へと至る。故に、この地域は常に歴史の動きに敏感であり、その先駆的な役割を担ってきた、といってよいだろう。

主なやきもの

高取焼

福岡県を代表する陶器で、桃山時代から焼かれていたと伝わる。

『高取歴代記録』(1816年) によれば、筑前藩主黒田長政の指示により、朝鮮李朝の陶工八山（和名は高取八蔵）が開窯した、という。正確な開窯の時期は定かでないが、長政は、関ヶ原の戦いの功績により慶長5（1600年）年に豊前中津（大分県）から筑前に移封になっているので、慶長6、7年の頃に開いた鷹取山西麓の永満寺宅間窯（直方市）がその始まり、と推測される。

慶長19 (1614) 年に、窯は鷹取山の北川の内ヶ磯（直方市頓野）に移り、本格的な製陶活動を展開。美濃焼の影響が認められる藁灰釉・土灰釉・飴釉を基本とした茶器を始め、大小の壺や甕、擂鉢、片口鉢など種々の日用雑器を焼いた。窯の規模は、当時としては大きく、技法的にも高度で多様であった。

寛永7（1630）年に、窯は飯塚市幸袋の白旗山に移り、俗に「遠州高取」と呼ばれるロクロ（轆轤）を使った優れた茶器類が焼かれた。「遠州高取」「綺麗寂び」といわれる洗練された軽妙で洒脱な作風を特徴としている。

3代藩主光之と4代藩主綱政の時代には、たび重なる転窯、増窯が行なわれた。まず、寛文7（1667）年、上座郡鼓村釜床（現・小石原村）に窯を移し（小石原鼓窯）、続いて貞享年間（1684～88年）には早良郡田嶋村大鋸谷（現・福岡市中央区）に移した（大鋸谷窯）。また、寛文5（1665）年以降に白旗山から小石原鼓窯に勤めていた八蔵の孫の八之丞が貞享年間に小石原中野に居を移し（小石原中野窯）、ここで日用雑器を焼いた、と伝わる。『筑前国続風土記』には、天和2（1682）年に藩主光之が肥前伊万里の陶工を呼んで製陶に当たらせた、と記されており、小石原中野上の原窯からは染付磁器が発掘されている。磁器の上層には陶器が堆積しており、磁器生産開始後間もなくして陶器への転換を図ったと推測される。さらに、宝永年間（1704～11年）には荒戸新町（現・福岡市中央区）に御陶山（窯場）を設けた。

また、宝永5（1708）年、早良郡麁原村上の山（現・福岡市早良区祖原皿山）に東皿山窯を開窯。これが藩窯高取焼として最後の窯となった。明治4（1871）年、廃藩置県によって150年という最も長期にわたる操業の歴史に幕を閉じたのである。

なお、現在も、その系譜の技法による茶陶が焼かれている。

上野焼

田川郡赤池町上野で焼かれた陶器。江戸前期の豊前国小倉藩の藩窯で、いわゆる遠州七窯の一つである。細川忠興が関ヶ原の戦いの功績により慶長7（1602）年に小倉藩の領主として小倉に入り、肥前の朝鮮人陶工尊楷を招いて開窯した、と伝わる。

上野には、江戸初期の慶長元和年間（1596～1624年）に操業していた釜ノ口窯・岩谷高麗窯、それより少し遅れて寛永年間（1624～44年）に始まり明治22（1889）年まで操業したと推測される皿山本窯などの古窯跡が残る。釜ノ口窯は、忠興の子である忠利が寛永9（1632）年に肥後（熊本県）に移封になったことによって閉窯した、とされる。

釜ノ口窯では、小量の茶器の他に種々の日用雑器を量産している。藁灰釉や木灰釉が中心で、初期の唐津焼や高取焼と類似している。岩谷高麗窯もほぼ同様のものを焼いていたようだ。皿山本窯は、初期のものには釜ノ口窯と類似する作風・釉薬のものが一部みられるが、後には白釉地に銅緑釉や三彩釉を掛けたものや紫蘇手・柚肌手・象嵌など特色のあるさまざまな技法が用いられるようになった。

なお、こうした上野の諸窯とは別に、小倉城下には藩主細川氏のお楽しみ窯として菜園場窯（現・北九州市小倉区菜園場）が築かれ、茶碗や茶入、水指・向付けなどを中心とする茶器を焼いた。その操業期は、元和の末頃から寛永9（1632）年頃にかけてと推定される。

小石原焼

朝倉郡小石原村で焼かれる陶器である。小石原焼の窯場は、大分県境の英彦山の西麓にある。ここでは、窯場のことを皿山と呼ぶ。これは、山口県から北九州一帯の窯場に共通した呼称である。

小石原の皿山では、江戸時代から昭和30年頃まで連綿と日常雑器を焼き続けてきた。擂鉢・味噌甕・物入れ壺・雲助・徳利などである。灰色の釉薬が掛けられたものや、茶褐色の釉薬の上に白い釉薬が掛けられたものが多かった。

もっとも、この皿山でも一時期茶陶が焼かれたことがある。貞享年間（1684～88年）から享保元（1716）年の間、ここに筑前黒田藩の藩用窯が築かれたことがあった。この窯で焼かれた雅器は、別に高取焼といわれ、現在も小石原で高原焼を名乗る窯元がある。

最近では、小石原焼というと、民芸陶器として広く知られている。近年の民芸ブームの影響によるものだが、かつては8～9軒だった窯元も昭和30（1955）年以降は倍になり、民芸愛好者相手に趣味的な品が多く焼かれている。

技術的にみると、かつては一部にしか使われていなかった飛鉋（とびかんな）や刷毛目（はけめ）などの手法が、昨今の民芸ブームでもてはやされるようになり、ここでも盛んに使われるようになった。この2つの手法が、現在の小石原焼民芸品を代表している、といってよい。

須恵焼（すえ）

粕屋郡須恵町で焼かれた磁器。宝暦8（1758）年、福岡藩寺社司の下吏新藤安平が須恵村の蓬谷金山間堀（よもぎだにかなやまぶ）近郊で良質の白土を発見し、宝暦14（1764）年に磁器窯を開窯した。当初は高取焼の陶工を招いて試し焼きをしたが失敗。肥前で陶法を学ばせ、染付の焼成を始めた、という。

1800年頃には、筑前黒田藩の藩窯として41基の窯が稼動するほど隆盛を極めた。しかし、文政12（1828）年には藩の保護が中断し、民窯として操業することになった。安政7（1860）年に新たに皿山役所が置かれ、藩の保護が復活。天草陶石を購入し、高取焼の陶工や筑前の絵師、京都の陶工沢田舜山（さわだしゅんざん）らを招くなどして製品の向上に努めた。

製品は、白磁・染付の皿・鉢・碗・水指・花瓶・急須などを中心に、二彩（一つの器に2色の加飾意匠をしたもの）も焼かれた。幕末から明治にかけては染付に金色半透明の金銹釉（きんさびゆう）を施した製品がつくられ、須恵焼の特産とされた。

廃藩置県後も民窯として存続したが、明治35（1902）年頃に廃窯となった。

野間焼（のま）

福岡市南区野間の皿山で焼かれた陶磁器をいう。安政3（1856）年、福岡黒田藩が京都の陶工佐々木与三（ささきよさ）らを招いて開窯。京焼に類似した土瓶や急須、茶碗などの日常雑器を焼いた。

明治元（1868）年に閉窯に傾いたが、明治8（1875）年に須恵焼の窯にいた沢田舜山を招いて復興させ、染付磁器を焼成。舜山の手による精良な磁器は、「野間舜山」と呼ばれ珍重された。大正から昭和初期にかけて再び日常雑器を焼くようになり、現在に至っている。

星野焼（ほしの）

八女郡星野村で焼かれた陶器。桃山期に開窯したとも伝えられるが、いったん閉窯し、享保年間（1716〜36年）に高木与次右衛門（たかぎよじえもん）が釈形焼（しゃかた）の陶工を招き、本星野で開窯。元文2（1737）年に久留米藩の御用窯となった。

肩に波紋状のある褐釉や黄釉の茶壷（八女茶の葉茶壷として使う）を始め、壺・片口・茶器などの日常雑器を焼いた。

明治以降、藩の庇護を失って個人経営で操業を続けたが、明治27（1894）年に廃窯となった。

Topics ● 博多人形

博多人形は、福岡県の伝統工芸品として名高い。それは、19世紀初めに宗七焼の4代正木宗七（まさきむねしち）、中ノ子吉兵衛（なかのこきちべえ）がつくった素焼人形に始まる、という。宗七焼の窯は、明治の初め頃まで博多の商店街の南、祇園町にあった。その周辺に人形を焼く空吹窯が第2次大戦前まで集まっていた、という。

博多人形は、当初は、節供もの（ひな人形など）を中心としてつくられたが、時代を経てさまざまなジャンルの人形がつくられるようになった。例えば、美人もの・歌舞伎もの・能もの・武者もの・童（わらべ）もの・縁起ものなど。その特色は華やかな彩色である。最近は創作人形も登場し、ますます華麗に展開している。

Ⅳ

風景の文化編

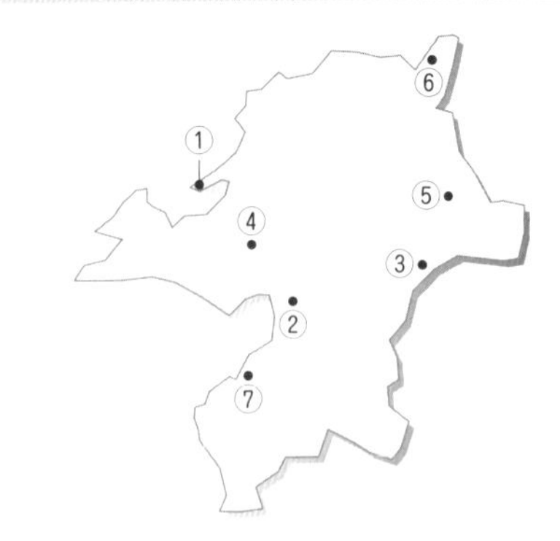

地名由来

「博多」と「福岡」の軋轢

九州ではそのほとんどが、旧藩名をそのまま県名にしているのが特徴的である。この福岡県も同じで、明治4年（1871）11月に、廃藩置県でそのまま「県」になった8県を統合して「福岡県」「小倉県」「三潴（みずま）県」の3つにしたが、明治9年（1876）8月には、現在に至る「福岡県」が成立している。

県庁所在地を現在の福岡の地に置くことに関しては異論はなかったろう。たぶん、2000年も前から、ここを通して朝鮮半島や大陸との交易が行われてきたことは事実であって、それに異をはさむ人はいない。問題はこの地にどういう地名を付すのかということである。

もともとこの地は「博多」と呼ばれてきたところで、その歴史は『魏志倭人伝』でも「奴国（なのこく）」に比定される見解も有力である。

古代においては大宰府の外港としての役割を果たしてきたが、戦国期にはうち続く戦乱で廃墟と化してしまった。それを立て直したのが秀吉で、新たな町割りを行い、復興を図った。もともと、「博多」の人々には、この地が長く日本の外交ルートの拠点として位置づいてきたという自負心が強いということだ。

一方、後の福岡城を造営した黒田長政が関ヶ原の戦いの貢献によりこの地に50万石を得て移ったのは、慶長6年（1601）のことである。長政は那珂川をはさんだ博多の対岸の福崎の地に城を築き、それを「福岡城」と名づけた。長政は通称黒田官兵衛と知られる黒田孝高（よしたか）の子であった。孝高も長政も洗礼を受けておりキリシタン大名であった。

黒田氏のルーツは近江国伊香郡黒田邑に住んだことから黒田を名乗ったが、その後備前国邑久（おく）郡福岡に移ったことにより姫路城を得るなどの活躍を示したため、とりわけこの「福岡」に強い愛着があったものと思われる。

明治になって「福岡県」は成立したものの、明治21年（1888）4月、市制町村制が発布されるに及び、県庁所在地名を「博多市」にするか「福岡市」にするかで議論が起こった。結局、明治22年（1889）3月、県令で「福岡市」に決定されたが、それ以降もことあるごとに「博多市」に変えよとする意見があいついで出たという。

文化的に見ても、「博多」の優位は動かず、「博多祇園山笠」「博多どんたく」「博多人形」など、多くの人々に愛されているのは「博多」である。ちなみに、「博多」の地名の由来だが、地形が「羽形」に似ているからという説が有力である。

とっておきの地名

①志賀島

博多湾内に位置し、古来安曇（阿曇）一族の支配する大陸・朝鮮半島との交易の拠点として知られてきた。江戸時代に「漢委奴国王」と刻まれた金印が出土したことでも有名。『和名抄』に見られる糟屋郡志珂郷に比定される。糟屋郡には9つの郷があったが、「志珂郷」の他に「阿曇郷」の名もあり、安曇族との関連の深さを示唆している。

地名にまつわる伝説として、神功皇后がこの地に寄った時、火を求めにやった小浜が「この島と打昇の浜と近く接続していてほとんど同じ場所だといっていいくらいだ」と報告したので、この島を「近島」と名づけ、それが転訛して「資珂島」と呼ばれるようになったという話がある（『筑前国風土記』逸文）。ここに出てくる「打昇の浜」とは、今も島につながる「海の中道」のことである。『万葉集』にも、志賀島に関する歌が多く収録されている。その1つ。

志珂の海人の火気焼きたてて
　　やく鹽の辛き戀をも吾はするかも

当時、この地で塩の生産をしていたことがわかる。

明治22年（1889）に「志賀村」が成立し、昭和28年（1953）には「志賀町」となったが、昭和46年（1971）の合併によって福岡市に編入された。

②大刀洗

「大刀洗町」は三井郡にある町。本来は「太刀洗」だったのだが、明治22年（1889）の町村制施行の際、村が「太刀洗村」と申請したにも関わらず「大刀洗村」と官報に掲載してしまったことによるという。

「太刀洗」という恐ろしげな地名は、地形では説明不可能で、間違いなくそのような歴史的事実が背景にあったと考えるべきである。時は南北朝期の正平14年（1359）のこと。この地に「大保原の合戦」が起こった。後醍醐天皇が流された隠岐を脱出し、南朝を樹立したのは暦応2年・延元4年（1339）のことだが、天皇は当時まだ10歳に満たない懐良親王（かねよししんのう）を将軍として立てて九州に送り出した。そのうしろ盾になったのが菊地武光（？～1373）であった。菊地氏は中世肥後の武将として知られ、中でも菊地武光は大宰府を占領するなど菊地氏の全盛期を築いた。その菊地武光が大川をはさんで少弐氏などと戦ったのが、大保原の戦いであった。

激戦の中で、武光は傷を負い、味方も見えない状態で、ボロボロになって血塗られた太刀を一人川で洗ったという伝説が残るのがこの地であった。そこから、戦場になったこの川を「太刀洗川」と呼ぶようになり、その地域を「太刀洗」と呼ぶようになった、とのことである。

③英彦山（ひこさん）

福岡県田川郡添田町と大分県中津市山国町とにまたがる標高1,199メートルの山だが、福岡県からのアプローチが強いので、福岡県として扱う。山形県の羽黒山、和歌山県の熊野大峰山とともに、日本三大修験山の1つに数えられている。山伏の坊舎など多くの史跡が残り、古くから武芸の鍛錬に力を入れ、最盛期には数千名の僧兵を擁したという。

山名は平安初期までは「日子山（ひこさん）」と書かれていた。そのルーツは、当地に鎮座する英彦山神宮にある。この神社のご祭神は天照大神の御子、「天之忍穂耳命（あめのおしほみみのみこと）」であったことから「日の子」すなわち「日子山」と呼ばれた。

弘仁10年（819）、嵯峨天皇の詔によって「日子」を「彦」に改め、江戸期の享保14年（1729）に霊元法皇の院宣により、「英」の一字を加えて「英彦山」となって現在に至っている。

もとは神の世界だったが、中世以降は仏教が習合されて、修験道の道場として名高かった。明治維新の神仏分離令で英彦山神社となり、戦後になってから英彦山神宮と名を改めた。

④水城（みずき）

7世紀中頃構築され、歴史上名高い国防施設に由来する。地名としては太宰府市「水城」として残されている。白村江の戦い（663年）で大敗した倭国は、唐や新羅が攻め入ってくるであろうことを危惧し、博多湾から侵攻するであろう敵を大宰府の手前で防ぐために巨大な土塁を築いた。これが水城である。

『日本書紀』天智天皇3年（664）の条にこう記されている。

「是歳、対馬嶋・壱岐嶋・筑紫国等に、防人と煤とを置く。又筑紫に、大堤を築きて水を貯へしむ。名けて水城と曰ふ」

ここで「煤」というのは「烽火台」のことである。「水城」と称したのは、深さ4メートルの水堀を築いたことによっている。同じく『日本書紀』によれば、翌年には長門国や、筑紫国にもさらに2つの「城」を築かせているが、こちらは水城ではなかったようだ。

⑤京都郡

福岡県に「京都」があるというのはほとんど誰も知らない。ただし、この場合の「京都」は「みやこ」と読む。豊前国に古来存続し今も現存する郡名で、正確には「京都郡」である。福岡県の東北部に位置し、周防灘に面した一帯である。『日本書紀』景行天皇12年9月にこう記されている。

「天皇、遂に筑紫に幸して、豊前国の長峡県に到りて、行宮を興てて居します。故、其の処を号けて京と曰ふ」

つまり、景行天皇がこの地に行宮を建てたので、ここを「京」と名づけたのだという。現在、「京都郡」は「苅田町」と「みやこ町」とから成っているが、「みやこ町」は平成の大合併によって、「犀川町」「勝山町」「豊津町」が統合されて成立した。

⑥門司

関門海峡の九州側の都市として明治以降栄えてきたが、昭和38年（1963）の5市合併により北九州市の「門司区」となって今日に至っている。地名の初見は、延暦15年（796）11月大宰府管府にある「豊前門司」とされる。これによると瀬戸内から大宰府に向かう際の勘検が行われていたとみられる。つまり、門司とは「門を司る関所」のことで、そこにおいて海上の往来をチェックする機能を持っていたということである。

関門橋のたもとにある和布刈神社の一角に「門司関址」の碑が建てられている。「和布刈」の「め」とは「わかめ」のことで、わかめを採ることからこの名がついたという。なお、音が同じということで、「門司関」は「文字ヶ関」と書かれることもあり、この碑が建っているのは「文字ヶ関公園」の中である。

⑦夜明

全国でも珍しい地名として知られる。『和名抄』では三潴郡「夜開郷」として見える。江戸期以降「夜明村」として存在し、明治22年（1889）に「夜明村」を含む5か村が合併して「大善寺村」となり、昭和14年（1939）に「大善寺町」となったが、昭和31年（1956）になって「筑邦町」に編入されて消滅。さらに昭和42年（1967）に筑邦町が久留米市に編入されて、現在は久留米市大善寺町夜明という町名になっている。

「夜開」「夜明」地名は九州に点在しており、その由来は開拓者のために公的な施設を供給したという意味合いで、「やか（屋処）」にあったと推測される。

難読地名の由来

a.「**生家**」（福津市）**b.**「**糒**」（田川市）**c.**「**大城**」（大野城市）**d.**「**雑餉隈**」（大野城市）**e.**「**目尾**」（飯塚市）**f.**「**頴田**」（飯塚市）**g.**「**南面里**」（筑紫郡那珂川町）**h.**「**早良**」（福岡市）**i.**「**日佐**」（福岡市）**j.**「**幸神**」（北九州市）

【正解】

a.「ゆくえ」（静御前による「わが君の行方も知らず静か川流れの末に身をやとどめむ」の歌に由来するという）**b.**「ほしい」（糒とは米を干して保存食にしたもので、それに由来する）**c.**「おおき」（文字通り大きな城による）**d.**「ざっしょのくま」（大宰府へ向かう人々のための店が多く連なっていたことによる）**e.**「しゃかのお」（語源不明だが、おもしろい。動物に関係するか）**f.**「かいた」（中世の粥田荘に属していたことによるという）**g.**「なめり」（滑りの意味で、那珂川が滑らかに流れていたことによるという）**h.**「さわら」（古代早良氏の拠点となったことによる）**i.**「おさ」（もとは「曰佐」で、通訳を意味していた。古代この地に通訳者が住んでいたことに由来する）**j.**「さいのかみ」（道祖神の賽の神に由来する）

商店街

川端通り商店街（福岡市）

福岡県の商店街の概観

石炭産業と工業化により発展してきた福岡県は、福岡市と北九州市の2つの政令指定都市に久留米市を加えた3市が、県内の商業中心都市として県域を分割してきた。福岡市は九州全体の中心都市としての性格を強めており、北九州市の影響は下関側にも及んでいると見られる。3市に次ぐ地域中心としては、県東部の行橋、南部の柳川、大牟田、筑豊地方の飯塚が挙げられる。

2014年の「商業統計調査」によれば、県全体の小売業販売額に占める割合は、福岡市が62％、北九州市が13％で、第3位の久留米市は3.8％と規模が小さい。人口1人当たり販売額が県平均を超えているのは福岡市のみである。1970年には福岡市以外に、久留米市など6市が県平均以上であった。この間、福岡市への集中化が強まったと言える。

福岡市の中心商店街は、博多側の川端地区と福岡側の天神地区、両者の間に位置し飲食店の多い中州に分けられる。西鉄線の駅周辺に百貨店など大型商業施設が集中する天神に対して、川端の中心はアーケード商店街と、対照的である。天神地区への商業集積の拡大は周辺地域からの吸引力を高めた。一方、1996年に川端地区の南端にキャナルシティ博多がオープンしたが、ターミナルからのアクセスが課題である。中心商店街以外では、鉄道駅前などに形成された近隣商店街のなかでは、中心部から電車で20分程度のところに位置する「香椎」「西新」「雑餉隈」などの規模が大きかったが、郊外化の進展などの商業環境の変化もあって、苦戦しているところが多い。

北九州市は1963年に工業都市や港湾都市5市が合併して生まれたもので、合併前からそれぞれの市に商店街が形成されていた。なかでは小倉の「魚町」「京町」と八幡の「黒崎」の規模が大きく、北九州市の中心商店街と

【注】この項目の内容は出典刊行時（2019年）のものです

しての地位を築いていた。近年は小倉駅周辺への集積が拡大しているのに対して、黒崎はやや停滞気味である。このほか、小倉区の「旦過市場」や若松区の「大正町商店街」など、レトロな商店街が現役商店街として地域住民に親しまれている。北九州の産業化の基盤となった筑豊では直方、田川、飯塚の3市が鼎立してきたが、石炭産業の斜陽化、人口減少により、商店街は衰退してきた。3市は都市としての起源や炭鉱との関わりが異なり、商店街の様相も異なる。城下町に起源する直方では町人町に由来する「本町商店街」が老舗も多い商店街として賑わっていたが、衰退化が著しい。伊田と後藤寺が合併してできた田川市は市街地が2つに分かれており、中心商店街は形成されなかった。長崎街道の宿場町から発達した飯塚の商店街は、近隣の中小炭鉱から顧客を吸引し、筑豊一の商都として賑わい、閉山後も内陸交通上の優位性を活かして都市再生に取り組み、商店街も活気がある。

県南では、久留米市の中心商店街が筑後平野一帯に商圏を広げていたが、近年は周辺市町に大型商業施設の立地が相次いだこともあって、広域圏からの吸引力は低下している。石炭産業で発達した大牟田市は、人口規模は大きいが、商業活動も三井資本に抑えられていたこともあって、商店街の形成は弱かった。その他、大川市の家具、建具店の多い商店街、城下町柳川の観光の中心お堀巡り乗船場から続く商店街がある。

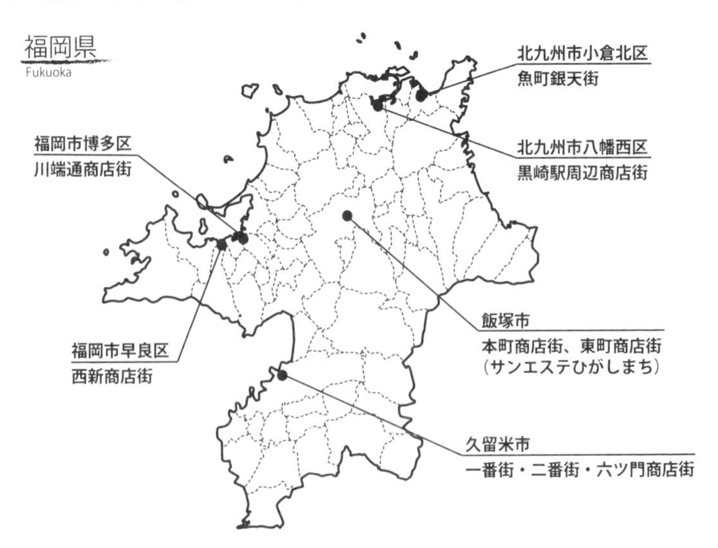

行ってみたい商店街

川端通商店街（福岡市博多区）
―商人町・博多を代表する老舗商店街―

JR 博多駅から地下鉄空港線に乗って3分足らずで中洲川端駅に到着する。駅前の明治通り沿いには1999年に開業した「博多リバレイン」がある。川端通り商店街は、明治通りから南東方向へ博多川に沿って約400mのアーケード内に100店舗あまりの商店が立ち並び、活気あふれる博多を代表する老舗商店街である。ちょうど北側の「博多リバレイン」と南側の「キャナルシティ博多」の2つの大型複合商業施設にはさまれたところに商店街が立地している。休日には1日で2.5万人もの買い物客が訪れる盛況ぶりである。

商店街のなかは、衣料品や靴などの服飾雑貨から、博多人形や飲食店、美容室、フラワーショップまで様々な業種構成である。なかでも、特徴的なのは仏壇・仏具店が多いことである。これは商店街の近くの祇園町付近に寺院が多く、寺町を形成していることにも起因しており、仏壇販売で全国展開をしているチェーン店の本店もこの商店街のなかにある。また、博多名物川端ぜんざいと銘打った「川端ぜんざい広場」もあり、ぜんざいを味わいながら休憩できるスペースがつくられ、観光客をはじめ多くの人で賑わっている。

福岡市の中心商店街は、この川端通り商店街と西側の中洲をはさみ、那珂川左岸の天神地区に新天町商店街があり二大商店街と呼ばれている。戦前から戦後にかけて、川端通り商店街付近は福岡市内最大の繁華街として賑わっていた。しかし、1963年の国鉄博多駅の移転や、1970年代後半からの天神地区への商業集積の拡大などの影響から、川端通り付近の商店街の地盤沈下が進行してきた。立地条件を見ても、福岡の二大ターミナルであるJR 博多駅と地下鉄天神駅・西鉄福岡駅の間にはさまれていて、恵まれているとは言いがたい。

そこで、商店街の北にある博多リバレインと南にあるキャナルシティ博多と協力して、回遊性を高める施策に乗り出した。1996年にキャナルシティ博多が開業した時には、「川端通りはキャナルシティ博多の楽しい近道です」のキャンペーンを行い、さらには、1999年のリバレイン博多開業に合わせて、商人町「博多部（はかたぶ）」再生の基盤である地域の一体化をさらに推し進めた。現在では商店街と周辺の大型複合商業施設の両者が手を結び、天神地区やJR博多駅とは一味違う「博多の心に出会う街」をコンセプトにした独自のまちづくりを進めている。

西新商店街（福岡市早良区）

―リヤカー部隊とサザエさんが生まれた街で有名な商店街―

福岡市西部の副都心的な役割を持つ西新は、都心の天神駅まで地下鉄で約7分、博多駅まで約13分とアクセスが良く、福岡市内では天神、博多に次ぐ繁華街である。近くには、西南学院大学や修猷館（しゅうゆうかん）高校などの学校も多く、学生街としての顔も持っている。江戸時代には、小倉から博多を通り唐津へ向かう「唐津街道」沿いにあり、現在の北九州市と佐賀県唐津市のほぼ中間地点に位置している。

西新には西新中央商店街をはじめ7つの商店会があり、280あまりの商店からできていて、総称して「西新商店街」と呼ばれている。この西新商店街で名物と言えば、リヤカーに生鮮品や漬物、野菜、魚介類などの食材を載せて販売する「リヤカー部隊」である。多い日には商店街に十数台のリヤカー部隊が営業をしている。リヤカーを率いるおばちゃんと買い物客の対面販売でのやりとりの楽しさが大きな魅力となっている。もともと、戦後に露天商を中心にリヤカーを使った営業が始まり、最盛期には100台以上のリヤカーであふれていたが、近年は減少傾向にある。これまでは生鮮食料品を主に扱う店が多かったが、最近の傾向として、外国人店主のサンドイッチ店など、テイクアウトの店も見られるようになってきている。このサンドイッチ店は、既存店舗のブランチとしての位置づけであるが、店主はリヤカーの雰囲気を好んで、リヤカーに商品を載せた移動販売も増えつつある。商店街のなかでリヤカーが営業する光景は全国的に見ても珍しく、ぜひ商店街に行ってみていただきたい。

また、西新は漫画『サザエさん』の作者である長谷川町子が住んでいた場所で、サザエさんの連載も福岡の地方新聞で1946年に始まった。長谷川町子が住んでいた場所には「磯野広場」があり、「サザエさん発案の地」の記念碑が建てられている。西新商店街北側から海に向かう約1.6kmの道は、2012年に東京都世田谷区桜新町に次いで「サザエさん通り」に改称された。ここにはサザエさんのモニュメントやマンホールがつくられ、サザエさんを軸としたまちづくりへとシフトしている。

魚町銀天街（北九州市小倉北区）

―小倉駅に近接する日本で最初にアーケードをつくった商店街―

1951年日本初のアーケードをつくった商店街として知られている魚町銀天街は、「銀の天井に輝く街」になるように願いを込めて名づけられた。魚町銀天街は、JR小倉駅から南下するメインストリート平和通りと並行して西側にある、南北全長約400mの全蓋式アーケード商店街である。商店街は小倉駅南口から魚町1丁目、2丁目、3丁目と3つに分かれている。隣接して、小倉井筒屋百貨店や、リバーウォーク北九州などの大型商業施設もあり、小倉を代表する中心商業地域となっている。

小倉市が市制施行した6年後の1906年に「えびす市」が始まり、商店の主人が仮装した祭りやくじ引きが行われ、商店街の原形がつくられた。昭和の初め、1930年頃の魚町には飲食店はほとんどなく、呉服、履物を中心とした物品販売の店が中心であった。戦後になると、「自分たちでアーケードをつくろう」という話が商店主たちの間から起こり、資金を出し合い、役所の賛同を得て、ようやく完成にこぎつけたとのことである。アーケード完成時には盛大なパレードも行われ、小倉駅と門司港を結ぶ商店街送迎バスも走っていた。

小倉周辺に大型商業施設が増加し、客足の流れに歯止めをかける取組みも積極的に行われている。魚町銀天街だけでなく、周辺の小倉中央銀座商店街、京町銀天街、魚町グリーンロード、旦過市場など多くの商店街が協力して取り組む動きが活発化している。商店街内の空きビルを再生して「リノベーションまちづくり」を積極的に行い、商店街エリアの再生事業が盛んである。また、外国人観光客をターゲットにしたゲストハウスの設置や三カ国語（英・中・韓）対応の商店街ガイドマップ製作などにも取り組んでいる。こうした様々な取組みが功を奏し、商店街への買い物客数も増加傾向で、全国の自治体や商店街関係者が魚町銀天街の視察に訪れている。

黒崎駅周辺商店街（北九州市八幡西区）

―黒崎再生をかけて取り組む、宿場町の商店街―

旧長崎街道の宿場町に起因し、街道沿いに古くから商店街が発達していた黒崎は、小倉に次ぐ商業地としてたいそう賑わっていた。駅北側には三菱化学や安川電機をはじめとする工業地域が広がり、南側にはいくつもの商店街が駅から放射状に形成された。また、黒崎駅は交通の結節点として機能し、筑豊炭田への玄関口としての役割も果たしており、直方方面とは筑豊電鉄で結ばれ、炭鉱町からも多くの買い物客が黒崎へ来ていた。

しかし、1980年代まで順調であった黒崎駅周辺商店街も、1990年代以降はモータリゼーションの進展に伴い、郊外型大型商業施設が進出したことに加えて、小倉や博多へ気軽に買い物に出かけられることから、黒崎のまちとしての求心力も徐々に低下していった。

JR黒崎駅南口から「新天街」「カムズ黒崎（名店街・一番街）」の2つのアーケード商店街が、放射状に整備された街路に沿って立ち並んでいる。この2つの商店街の南東端に、「熊手通り商店街」「藤田銀天街」の2つの商店街が宿場通りをはさんで連結して伸びている。現在では、シャッター通り化している部分も見られるが、かつては「九州一の売上げを誇る銀天街」との異名を付けられていたほどの賑わいを見せていた。

一番街・二番街・六ツ門商店街（久留米市）

―筑後平野の中心都市の中心商店街―

筑後平野の中心に位置する城下町に起源を持つ久留米市は、1889年に市制施行し、古くは久留米絣、明治以降は足袋産業から発達したゴム工業などを背景に、県内第3位の人口を有して、福岡市の通勤圏にありながらも独自の経済を形成している。また、大学・短大が4校存在し、文教都市としての性格もある。JR線と西鉄線、九州自動車道が通じる交通の要衝でもあるが、JR久留米駅と西鉄久留米駅は約2km離れていて、2つの駅をつなぐ形で市街地が形成されてきた。

筑後川を背後に築城された久留米城は、JR久留米駅の北方約1kmのところに位置しており、六ツ門は城下町の東側に配置された町人町の東端に当たる。1924年に西鉄久留米駅が開設され、市街地は東に拡大し、1970年から始まった西鉄久留米駅の高架化と駅周辺の整備によって、現在見られるような中心商店街が形成されるようになった。全体で10の商店街から構成され「久留米ときめき通り商店街」とも呼ばれる中心商店街の主軸が、西鉄久留米駅西口の駅前商店街と、その西、一番街、二番街、サンロード六ツ門と続く約800mのアーケード商店街である。商店街の北には業務街である明治通りが走り、北側の文化街は800ほどの飲食店が集まる飲食街となっており、久留米が発祥の豚骨ラーメンや名物の焼き鳥を提供する店も多い。また、商店街の南を流れる池町川沿いは緑道となっており、界隈は昭和の香りを残す街並みを楽しめ、市民の憩いの空間となっている。

井筒屋（六ツ門）と岩田屋（西鉄久留米駅東口）の2つの百貨店が存在し、広域商店街として筑後地方一帯に商圏を広げていた。現在もアーケード内だけで約200の小売店やサービス店が存在するが、井筒屋は2006年に閉鎖され、跡地には、音楽ホールや劇場などが入る複合文化施設久留米シティプラザが2016年にオープンしている。1990年代後半から福岡市天神地区の整備、周辺町村における大型商業施設の立地増加などにより、久留米市の中心商店街ではアーケードのリニューアルなどを行うものの、広域商圏内における吸引力は低下した。そこでバリアフリー化を目指したまちづくりに取り組み、2003年に整備された六角堂広場では電動スクーターや車いすの貸出しを行うようになった。六角堂広場は屋根付きになり、久留米シティプラザ内に移されている。また、6月の最終土曜日から8月の第1土曜日まで（6回）、毎週土曜日に土曜夜市を開催しており、中心商店街に金魚すくいやヨーヨー釣りをはじめ、様々な飲食、小物、雑貨の露店が並び、縁日の雰囲気を楽しめる場となっている。

本町商店街・東町商店街（サンエステひがしまち）（飯塚市）
—筑豊の中心都市のドーム型アーケード商店街—

飯塚市は福岡県のほぼ中央に位置する筑豊地域の中心都市である。人口は約13万人で、福岡市、北九州市、久留米市に次ぐ県下第4位の規模を誇る。かつては筑豊炭田の中心地で、長崎街道の宿場町として知られていたが、現在は2つの大学を有する学園都市として、また、電車で博多へ40分、小倉へ55分以内で行けることから、福岡市・北九州市への通勤・通学圏という利便性の良い都市でもある。

1960年代後半からの石炭産業の衰退に伴い、炭鉱の閉山による過疎化が進んだ。その後、1966年に近畿大学が、1986年に九州工業大学が市内にキャンパスを設置したことにより、炭鉱都市から学園都市へと脱却した。

飯塚市内には市中央部を流れる遠賀川（おんががわ）をはさんで6つの商店街がある。JR新飯塚駅から遠賀川の間には新飯塚商店街があるが閑散としている。中心商店街として賑わっているのは遠賀川の向こう岸にある本町商店街と東町商店街であるが、駅からは少し離れていて徒歩で約20分かかる。本町商店街は長崎街道沿いにできた商店街でイタリア・ミラノのエマヌエル二世街を模したドーム型のアーケードが特色となっている。市内の商店街のなかでは最も店舗数も多く、かつては商店街のなかに筑豊唯一の百貨店・飯塚井筒屋（1949年開店）もあったが現在は閉店している。さらに連続してつながる東町商店街（サンエステひがしまち）があり、本町商店街と比べると幅員は狭いがドーム型アーケードになっている。商店街の出口付近には、筑豊の芝居小屋として生まれ、大衆演劇や歌舞伎で有名な嘉穂劇場（1931年開館）もある。また、2つの商店街の近くには鮮魚店や精肉店などが集まった公設市場がある永楽町商店街もあり、市民の台所として賑わっている。

飯塚市の中心商店街は鉄道駅からも遠く、郊外部のロードサイドを中心とした大型店出店の影響も受けているが、商店街同士が結束して大売出しイベントや商店街ツアー、商店街情報誌発行など魅力ある商店街活性化事業を次々と打ち出し、「がんばる商店街77選」にも選ばれている。

コラム

屋台と商店街

ラーメン、博多一口餃子、天ぷら―福岡市には歓楽街の中洲付近、都心の天神などにこれらを楽しめる屋台が集中しており、重要な観光資源となっている。夕刻、曳かれてくる屋台は営業場所・時間などを定めた市条例に基づき、連なるように営業しており、さながら"飲食商店街"の様相を呈している。道路占有、公衆衛生などの課題から他の都市で屋台が姿を消すなか、厳格なルールのもとで営業されている福岡市の屋台数は、出店者を募りながら100軒以上に維持されており、今後も楽しむことができそうだ。

また県内では、久留米市や北九州市でも屋台が営業されている。その数は減少傾向にあるが、屋台から商店街などでの固定店舗営業へと転換する例もあり、屋台は地域の食文化創出に寄与してきたと言う。客がその灯りに郷愁を感じ、料理に舌鼓を打つ屋台が、地域の飲食業や食文化へ担ってきた役割は大きい。

福岡市天神の屋台（2019年5月撮影）

花風景

太宰府天満宮のウメ

地域の特色

関門海峡を隔てて本州と近接し、九州の玄関口となり中心地となっている。北は日本海、東は瀬戸内海に臨み、那珂川が北流する福岡平野、筑後川が南流する筑紫平野などを形成している。南には英彦山と並んで県最高峰の釈迦ヶ岳（1,231メートル）を擁している。古くは筑前と筑後の国と豊前の国の北の半分となっていた。内陸部には古代の九州統治や外交・防衛のために大宰府が置かれていた。20世紀には炭鉱業、鉄鋼業などの四大工業地帯の一つとなっていた。太平洋側と同じ暖温帯の気候を示している。

花風景は、大都市の歴史的な公園や古い城下町や英彦山山麓のサクラ名所、古い歴史を持つ神社の観賞用梅林や生産用梅林、市民が育成したコスモスなどが多く、高山などの自然の花が少ないことが特徴的である。

県花はNHKなどの公募で決まったバラ科サクラ属のウメ（梅）である。菅原道真公ゆかりの太宰府天満宮のウメにちなんだものである。道真公は京の都から大宰府に左遷されるとき、愛でていたウメに別れの歌として「東風ふかば　においおこせよ　梅の花　主なしとて　春な忘れそ」と詠む。この梅は大宰府へ飛んで行ったという「飛び梅」伝説が残っている。

主な花風景

西公園のサクラ　＊春、日本さくら名所100選

九州の最大都市福岡市のほぼ中央部にある面積約17ヘクタールの風致公園である。博多湾に臨み古くは荒津山と呼ばれた丘陵地となっており、陸繋島の志賀島、砂州の海の中道、能古島などの博多湾の美しい風景を一望できる。ソメイヨシノ、ヨウコウザクラなど約1,400本のサクラが咲き誇り、花見は大いに賑わい、夜間のライトアップも行われる。モミジの紅葉やイチョウの黄葉も美しく、シイ、カシなどの常緑広葉樹の自然林も楽

凡例　＊：観賞最適季節、国立・国定公園、国指定の史跡・名勝・天然記念物、日本遺産、世界遺産・ラムサール条約登録湿地、日本さくら名所100選などを示した

しめる市民の憩いの場である。

1881（明治14）年に自然の丘陵と渓谷、展望風景を活かした太政官（だじょうかん）公園として誕生し、荒津山公園と称していた。江戸時代、黒田氏藩主の福岡藩は、荒津山を霊山として、徳川家康を神とする東照権現を祀り、景勝地であったことから、73（同6）年の公園設置の太政官布告に基づき公園となったものである。85（同18）年、サクラ、モミジなどを植栽し、1900（同33）年、県営公園となり、西公園と改称された。

明治時代の九州の中心地は軍の拠点である鎮台（ちんだい）を置いた熊本であった。その後、官営八幡製鉄所が建設され、筑豊などの石炭を利用して、北九州が九州の中心になっていく。しかし、1990年代になると、グローバリゼーションによってコンビナートは空洞化し、新たに台頭してきたのがサービス産業を中心とする福岡であった。近代化、産業化、情報化へと変化するにつれて九州の中心も移動した。西公園の存在価値も高まっている。

秋月杉（あきづきすぎ）の馬場（ばば）のサクラ　＊春、重要伝統的建造物群保存地区

県中央部朝倉市の秋月の城下町には杉の馬場通りに約200本のソメイヨシノのサクラ並木が約500メートルのサクラのトンネルをつくっている。秋月は「筑前（ちくぜん）の小京都」といわれる古処山（こしょさん）（860メートル）の麓の小盆地であり、清らかな川が流れる。秋月城跡に接する杉の馬場のサクラ並木は武（ぶ）家屋敷（けやしき）や土塀（どべい）の町並みと調和して独特の情緒を生み出している。

秋月は中世から秋月氏が支配し、近世になって黒田氏の福岡藩となるに至り、福岡藩の支藩として秋月藩が生まれ、黒田氏子孫が12代にわたって治めることとなる。近代になると交通の不便さから取り残されるが、その結果、近世の城下町の名残である古い街並みが残ることとなる。現在見られる古い街並みは、街路や屋敷地割がよく旧態をとどめ、武家屋敷や町家、社家（しゃけ）などの伝統的建造物も残り、周囲の豊かな自然とあいまって特色ある歴史的景観を伝えていることが評価されて、町全体が重要伝統的建造物群保存地区となっている。

添田公園（そえだこうえん）のサクラ　＊春

福岡県と大分県にまたがる英彦山（ひこさん）（1,199メートル）の北山麓にある添田（そえだ）町（まち）の岩石山（がんじゃくさん）（454メートル）は麓から中腹にかけて添田公園になっている。

巨大な楼門を通り抜けた公園内にはソメイヨシノ、ヤエザクラ、ヤマザクラなど約2,000本のサクラが咲き誇っている。この他、ウメやツツジなどの花が季節に応じて順次彩りを添えている。南に位置する英彦山は古くから奈良県大峯山、山形県羽黒山と共に、修験道の霊場として栄えた所であり、山頂部がわが国最初の国定公園の一つである耶馬日田英彦山国定公園となっている。

太宰府天満宮のウメ　＊冬・春

太宰府天満宮の境内には、一重、八重をはじめ約200種、約6,000本の白梅や紅梅が咲き誇る。ウメには500種以上の品種があるといわれ、花や実の多様性やさまざまな環境への適応性を有している。太宰府天満宮は京都の北野天満宮と共に菅原道真公を御祭神とする天満宮・天神社の総本社である。太宰府天満宮は道真公のご墓所に造営された。道真公については福岡県の県花と北野天満宮の紹介でふれている。太宰府天満宮ではサクラ、ツツジ、ヤマブキ、ハナショウブ、キクなどの花も見られる。

大宰府は古代に遠の朝廷と称された奈良や京の都の国の出先機関の政庁が置かれた所である。九州の政治経済、大陸に対する軍事や外交を司る役所であり、また、アジアに開かれた玄関口として異文化が伝えられた場所でもあり、都の役人などが出向き、防人として軍人が赴いた。

谷川梅林のウメ　＊冬・春

福岡県南部の八女市の谷川地区は有数の梅の産地で、谷川梅林と呼ばれ、果実生産のみならず観梅の名所ともなっている。約80ヘクタールのなだらかな丘陵に約3万本もの白梅が咲き乱れている。ウメは基本的に温暖多湿地帯を好む樹木である。古来その樹形と花が愛でられ、果実は食用とされる。燻製にされたウメは烏梅と称し、漢方薬になり、かつては紅花染めの触媒に用いられた。枝や樹皮も染色に用いられる。観賞用の花ウメと食用の実ウメがあるが、谷川梅林は両方を兼ねている。付近は八女茶の生産地であり、美しい茶畑を見ることができる。

北野コスモス街道のコスモス　＊秋

県南部の久留米市北野町に筑後川に注ぐ陣屋川が流れ、その土堤の道路沿いに約3.5キロにわたって約50万本の桃色、白色などのコスモスが咲き誇っている。透きとおるような花が心地良い秋の到来を告げている。隣接するコスモスパーク北野で開かれるコスモスフェスティバル期間中には普段、自動車が通る土堤の道路は歩行者専用道路になり、大勢の人々がコスモスを観賞しながら散策を楽しんでいる。

2015（平成27）年、未来に残したい日本の花風景として「池坊花逍遥100選」に認定された。前年の花の産業と文化を守り育てる「花き振興法」の制定を受けて、華道家元池坊が華道の精神を映し、日本文化を誇る花風景を全国から募集して選定したものであり、地域ブランドになることも念頭に置いている。「花逍遥」とは、池坊のいけばなが四季を彩る自生の花に学ぶように説き、そのためにはみずからの足でそぞろ歩いて花を愛でなければならないという理念に基づいている。

コスモス街道のそもそもの発端は1971（昭和46）年頃に陣屋川土提沿いに住む個人が、当時未舗装の道路の雑草や土堤沿いの廃棄物違法投棄を憂い、また、長女の誕生もあり、家族のために美しい環境にしたいという願いを込めて、周辺にコスモスの種を播いたのが始まりと伝えられている。その後、地域の人々もコスモス街道の延伸に協力し、現在では広範な団体が参加するコスモス街道育成愛好会が結成され、コスモスを愛する人々の輪が広がっている。多くの人々が春の除草剤散布、播種から、毎月の除草や施肥を行い、秋の開花までボランティア活動を続けている。お陰で今や「コスモスの町北野」といわれるまでになっている。

国営海の中道海浜公園のバラとコスモス　＊春・夏・秋

海の中道海浜公園では、色とりどりの花の美しさと香りを楽しめるバラ園、群生する朱色のヒガンバナ、一面に広がる桃色や白色の透明感あふれる花のコスモス園などを季節に応じて堪能できる。青い海を間近に咲き乱れる花風景が美しい。また、コキアという草本の紅葉の風景やパンパスグラスという草本の白い穂も珍しい。海の中道とは北の玄界灘と南の博多湾を分ける砂州であり、先端の志賀島につながっている。志賀島は金印が出土したことで有名で、大陸との関係を物語っている。博多は大陸との貿易の拠点となったが、元寇など外敵の脅威にもさらされた。今、美しい海浜公園にたたずむと、遠い昔の元寇の戦争の恐怖を追憶することは難しい。

公園／庭園

国営海の中道海浜公園と志賀島

地域の特色

福岡県は九州の北東部に位置し、本州とは関門海峡を隔てて近接していることから、現代では九州の玄関口で中心地となっている。北は日本海の響灘・玄界灘、東は瀬戸内海の周防灘、南の一部は有明海に臨んでいる。西の佐賀県境には標高1,000m級の脊振山地、南の大分県境は耶馬溪溶岩台地が英彦山や福岡県最高峰の釈迦ヶ岳を擁し、熊本県境には筑肥山地などがある。背振山地から博多湾に南流する那珂川などが福岡平野をつくり、比較的低い筑紫山地が中央部を東西に走り、筑後川、矢部川などが有明海に南流して筑紫平野を、遠賀川などが同じく南流して直方平野を、山国川などが周防灘に西流して豊前（中津）平野をつくっている。

古くは北部の筑前の国と南部の筑後の国と東部の豊前の国の北半からなっていた。博多湾の海の中道の先端にある志賀島は金印が出土したことで有名で、大陸との関係を物語っている。玄界灘沖合の沖ノ島には古代祭祀跡の「神宿る島」「海の正倉院」とも呼ばれる宗像大社沖津宮がある。福岡平野の奥には古代の外交・防衛や統治にあたった大宰府が築かれ、外敵に備えた山城跡も残っている。英彦山は古くからの霊山で、室町時代の水墨画家雪舟ゆかりの地でもあり、わが国初の国定公園の一つになった。近世には筑前福岡藩の黒田氏と筑後柳川藩の立花氏を中心にその他小倉、久留米などの小藩が分立したが、各藩は織物、陶器、商品作物などで藩財政を潤した。森鴎外、北原白秋、松本清張ら文人ゆかりの地域でもある。近代には炭鉱業、鉄鋼業などにより四大工業地帯の一つとなったが、これらは山口・佐賀・長崎・熊本・鹿児島県などの構成資産とともに、2015（平成27）年、世界文化遺産「明治日本の産業革命遺産 製鉄・製鋼、造船、石炭産業」となった。

自然公園は高山、火山、自然林など傑出した例に乏しく、都市公園・庭園は大名庭園を中心に、海の中道や英彦山にちなむものが特徴的である。

凡例　㊉自然公園、㊥都市公園・国民公園、㊨庭園

主な公園・庭園

自 玄海国定公園海の中道・生の松原・芥屋の大門　＊天然記念物

玄海国定公園は主に玄海灘に面した海岸と島嶼の公園であり、福岡県、佐賀県、長崎県にまたがっている。福岡県では東から三里松原、海の中道・志賀島、生の松原、芥屋大門と続く。1480（文明12）年、連歌師の宗祇は、紀行文『筑紫道記』で、福岡の筥崎宮を旅しているとき、陸繋砂州の海の中道の松原に一瞬心を奪われるが、あえて「名所ならねば、強ひて心とまらず」と雑念を振りはらっている。名所つまり歌枕の地しか見ようとしないのである。海の中道は歌川広重の『六十余州名所図会』（1853～56）に描かれる。生の松原周辺には元寇防塁跡が発掘されている。芥屋の大門は玄武岩の柱状節理を見せる海食洞で、志賀重昂『日本風景論』は2版（1894）から15版（1903）までこの挿絵を載せている。

自 北九州国定公園平尾台・風師山　＊天然記念物

平尾台の石灰岩のカルスト台地は、その規模の大きさから、山口県の秋吉台、愛媛県・高知県の四国カルストとともに日本三大カルストと呼ばれている。羊群原はその名のとおり白い石柱のカレンが草原にたわむれるヒツジのような風景を見せる。地下には千仏洞、目白洞などの鍾乳洞がある。風師山からは関門海峡、門司港レトロタウン、巌流島などが展望できる。

都 大濠公園　＊登録記念物、日本の歴史公園100選

大濠公園は福岡市のほぼ中央に位置し、公園のほとんどを大きな池が占める。日本庭園、美術館、能楽堂、児童公園があり、三つの島をつたって池を渡ることができる。広い池の周りは自転車、ジョギング、散策と用途にあわせて3種類に舗装された園路がめぐり、多くの市民が楽しむ姿が見られる。この池は、もとは黒田長政が福岡城を築城する際に浚渫と埋め立てによって濠として利用したものである。明治時代には陸軍が所管し、その後は北にある西公園の附属地になったものの、水草が生え不衛生な状態になっていた。この敷地が他の仕事で福岡に来ていた専門家の本多静六の目に止まり、本多と弟子の氷見健一によって公園が計画され、1927（昭

和2）年には東亜勧業博覧会の会場として造成が行われた。大きな噴水塔やウォータースライダーなど池を利用した新しい施設が設置され、博覧会は多くの人で賑（にぎ）わったという。博覧会の跡地が整備され29（昭和4）年に大濠公園が開園した。この公園の特徴は池だけでなく整備資金の捻出方法にある。浅い沼だった約40haの敷地のうち、約30haを公園として整備した。沼を深く掘って大きな池をつくり、その土で池の周りと島を造成し野球場やプールを整備した。そして、公園の西側の約10haは住宅地として売却したのである。住宅地は富裕層が購入し、利益は公園の整備費用をはるかに上回ったため、余剰金は公園管理にあてられた。

池に浮かぶ松島の浮見堂（うきみどう）は49（昭和24）年に移設されたもので、もとは東公園にあった動物園のオットセイの池の施設だったという。都市化の影響で池の水質が悪化したため88（昭和63）年には底をさらって水を入れ替える大掃除が実施された。2007（平成19）年に「大濠公園」として国の登録記念物（名勝地関係）になった。14（平成26）年には福岡県と福岡市によってセントラルパーク構想が策定され、東に隣接する福岡城跡の舞鶴（まいづる）公園とともに憩いの場、歴史・芸術文化・観光の発信拠点として都市づくりの核とする方針が打ち出された。

都 勝山（かつやま）公園 ＊日本の歴史公園100選

北九州市の小倉駅から約1km南西にある小倉城（こくらじょう）の跡につくられた公園である。小倉城は始めに毛利（もうり）氏が築き17世紀に入り細川忠興（ほそかわただおき）が本格的に築城したもので、1632（寛永9）年からは小笠原（おがさわら）氏が居城とした。1837（天保8）年の大火で全焼し、一部再建されたものの、66（慶応2）年の長州藩との戦いでみずから火を放ち焼き払ったとされている。市の中心部にある約66haにおよぶ城跡は、その後陸軍や米軍が利用し市民には閉ざされていたが、1952（昭和27）年に米軍が使用していた16haを中央公園にする計画が当時の小倉市で決定した。旧小倉市を含む5市はその後、対等合併をして北九州市になるが、この時点ですでに勝山公園は合併後の新しい市の中心の公園となることを期待されていたのである。整備を進めようとした矢先に博覧会の開催が決定したため、会場となる公園の建設には最も重点が置かれたという。2万本以上の樹木が植えられ57（昭和32）年に公園が開園した。小倉大博覧会直前に天守の再建が完了し、期間中は100万人を超える来場者で賑わったという。

北九州市では11カ所の都市公園に違った形のタコの遊具があるのが特徴で、勝山公園にも1970（昭和45）年に大きなタコが設置され、象の親子の遊具とともに現在も子どもたちに利用されている。公園内にある北九州市中央図書館は世界的に活躍する建築家磯崎新の設計で、曲がったチューブのような不思議な形をしている。近年では健康づくりの拠点として高齢者のための健康遊具が設置されNPO法人が主宰する運動教室が開催されている。

都 国営海の中道海浜公園　＊国営公園、日本の都市公園100選

福岡市の北にある海の中道は、志賀島につながる砂州で北は玄界灘、南は博多湾に面している。近世から白砂青松の地として和歌に詠まれる景勝地だった。海の中道海浜公園は米軍基地の返還をうけて整備された国営公園である。最初の約60haが開園したのは1981（昭和56）年で、その後も約540haの広大な敷地に整備が進められている。開園日にはたこ揚げ大会やロックフェスティバルなど多くのイベントが開催され約4万人の来場者で賑わったという。その後もプール、リゾートホテル、水族館などが整備され年間約100万人が訪れる行楽地になった。2010（平成22）年には環境共生の森（みらいの森）がオープンした。原生自然が生まれる最小規模とされる100haの計画面積で、公共事業の残土でつくられた緩やかな丘陵に苗木を植えるところから森づくりが始まっている。また、園内で発生する植物性の廃材を堆肥やチップにして公園で再利用し環境学習の体験イベントを実施するなど環境保全の取り組みもある。公園を西に行くと、海の上を走る道を通って志賀島に出る。「漢委奴国王」の印文で有名な金印が発掘された場所である。

庭 旧亀石坊庭園　＊名勝、国定公園

英彦山（標高1,199m）の北西側麓の田川郡添田町に、英彦山神宮は位置している。九州の修験道の中心として、彦山権現とか彦山神社と称していたが、1729（享保14）年に霊元法皇から、「英」という美称を加えた「英彦山」という額を贈られたことから、「英彦山大権現」と称するようになっている。明治初年の神仏分離で修験道が廃止されたために、1975（昭和50）

年に英彦山神宮に改称した。

江戸時代には多くの宿坊があったというが、明治初期の廃仏毀釈で壊滅状態になってしまった。旧亀石坊も建物はなく、山裾からの水を利用した庭園だけが残っている。園池の面積はわずかしかないが、背後が傾斜地であることを利用して、立石を置きかたわらに滝石組を設け、護岸はすべて石組で囲んでいる。石の据え方が豪胆なところが室町時代的で、僧侶で画家だった雪舟（1420～1506）作とされることもうなずける。英彦山にはほかに、旧座主坊や旧政所坊、旧顕揚坊の庭園などが残っている。

庭 清水寺本坊庭園　＊名勝

みやま市瀬高町本吉にある清水寺は、天台宗の寺院で806（大同元）年に最澄が創建したという。中世には戦火によってたびたび焼失しているが、1590（天正18）年に立花統虎が再興したことから、歴代の柳川藩主の庇護を受けている。本坊の庭園については、雪舟作とか、1688～1704年（元禄年間）の作といわれている。後方にそびえる愛宕山を借景にしていることや、建物の東側前面に縦長の園池があること、奥の滝組から園池に水が注ぎ込んでいることが、この庭園の特色になっている。建物と園池の間がかなり離れているので、以前は建物が園池の近くにあった可能性もある。

庭 立花氏庭園　＊名勝

柳川市新外町にある旧柳川藩主立花家の別邸は、「御花畠」を略して「御花」とも呼ばれている。2代藩主忠茂（1612～75）が遊息所を営んだのが始まりで、1697（元禄10）年に3代藩主鑑虎が別荘として改修し、「集景亭」と命名した。1738（元文3）年には藩主の一家が、柳川城二の丸からここに移っている。1877～1912（明治10～大正元）年にかけて、和風の書院と西洋館を建設して、庭園を改修し「松濤園」と名付けた。宮城県の松島の景観を写したとされているだけに、書院の南庭は大池の東と西に中島を置き、小島とたくさんの岩島を散在させている。岸には洲浜をめぐらせて、植栽としては低いクロマツばかりを植えている。

地域の特性

福岡県は、九州の経済、文化の中心地であり、古来、大陸との交流の窓口として栄えてきた。律令制下にあって、九州の内政を担当する大宰府政庁が置かれた。明治以降、日本一の石炭産出量の筑豊炭田を背景に、八幡製鉄所をはじめとする重工業地帯を形成したが、現在では西日本を代表する第３次産業地域へと変容した。福岡城跡は黒田52万石の居城跡である。

海の中道は玄界灘と博多湾を分かつ12kmの砂州である。白砂青松の地で、志賀島にかけて国営海浜公園が整備されており、「漢委奴国王」の金印が出土した地として知られる。

菅原道真を祀る大宰府天満宮と飛梅、筑後川河口の三角州に開けた水郷柳川の川下り、北九州の平尾台カルスト地形、修験道の英彦山のほか、博多祇園山笠、小倉祇園太鼓など、見所は多い。

◆旧国名：筑前、筑後、豊前　県花：ウメ　県鳥：ウグイス

温泉地の特色

県内には49カ所の温泉地が存在し、源泉総数は436である。温度別にみると、25～42℃が最も多くて53％、42℃以上が28％、25℃未満が19％である。湧出量は毎分約５万ℓで恵まれており、全国18位にランクされる。年間延べ宿泊客数は107万人で全国の32位である。「筑後川」と「吉井」は国民保養温泉地に指定されており、田園景観と一体化した落ち着いた雰囲気のもとで保養できる。

主な温泉地

①筑後川（ちくごがわ）

国民保養温泉地
単純温泉

県東南部、筑紫平野の東を流れる筑後川中流沿岸の温泉地であり、広い

川幅の沿岸に旅館が並んでいる。筑後川県立自然公園に属しており，1968（昭和43）年に国民保養温泉地に指定された。川ではアユ，ハヤなどがとれて食卓を飾り，夏の夜は名物の鵜飼が有名で観光客を集めている。また，ブドウ，モモ，ナシ，柿などの産地として，果物狩りもできる。名水百選の「清水湧水」，国の指定を受けている「くど造り民家」もある。
交通：JR 久大本線筑後大石駅，車5分

②吉井（よしい）
国民保養温泉地
単純温泉

県中東部，九州第一の大河である筑後川の堤防近くに，3軒の旅館がたたずむ，うきは市吉井温泉がある。1956（昭和31）年に開発され，1968（昭和43）年に国民保養温泉地に指定された。温泉は25～42℃の単純温泉であり，湧出量は毎分3,500ℓで豊かである。交通は大分自動車道朝倉インター経由で福岡から1時間で到着できる。近世期には旧豊後街道随一の宿場町として栄え，櫨（はぜ）の木の実を原料とする木蝋（もくろう）生産の中心地であり，街道筋の白壁土蔵造り商家群を形成した。1996（平成8）年に国の「重要歴史的建造物群保存地区」に指定され，文化庁や建設省（現国土交通省）の町並み整備事業のもとに修復された。土蔵造りの観光会館や歴史資料館が建設され，これらを巡る散策ルートも整備されている。

1991（平成3）年，光琳寺住職が民家や店を利用して書画などを飾って自由に鑑賞できる「小さな美術館めぐり」を始めた。30カ所ほどの場所で5月3～5日の3日間に2万人を超える観客が集まった。また，3月3日のひな祭りには，各家庭でひな壇を飾って観光客に開放している。吉井温泉は年間2万人ほどの宿泊客を集めているにすぎないが，ジャングル浴場をもつ旅館や格安の素泊まりが可能な旅館があり，福岡市を中心に多くは県内からの家族連れや，合宿，老人会などさまざまな目的の客が静かな環境のもとで温泉浴を楽しんでいる。周辺には，国指定史跡の日岡古墳と珍敷塚古墳があり，柿の生産地が広がり，延寿寺曽根の櫨並木は紅葉が素晴らしい。筑後川の鵜飼屋形船や朝倉町の三連水車（国指定史跡）なども地域色豊かな観光資源である。吉井温泉を宿泊拠点にして周辺の観光地を巡ると，豊かな観光を経験できよう。
交通：JR 久大本線筑後吉井駅，タクシー10分

③原鶴（はらづる）　単純温泉

県南東部、筑後川北岸の筑後と豊後を結ぶ街道筋にあり、観光色が強い温泉地である。１羽の傷ついた鶴が筑後川に舞い降り水を浴びたところ、傷が癒え、飛び去ったその場所に湧き出る湯がみつかったという伝説にちなんで、原鶴と名づけられた。福岡県の温泉地では年間宿泊客数が最も多く17万人を数え、温泉は40℃を超える高温の動力泉が毎分3,000ℓを超えるほど湧出している。夏の鵜飼のシーズンには、鵜飼舟や遊覧船が浮かび、川面をにぎやかにする。近くの水田が広がる一角に、灌漑のための見事な三重連水車が動いており、必見である。

交通：JR久大本線筑後吉井駅、タクシー10分

執筆者／出典一覧

※参考参照文献は紙面の都合上割愛
しましたので各出典をご覧ください

Ⅰ　歴史の文化編

【遺　跡】 **石神裕之**　(京都芸術大学歴史遺産学科教授)『47都道府県・遺跡百科』(2018)
【国宝／重要文化財】 **森本和男**　(歴史家)『47都道府県・国宝／重要文化財百科』(2018)
【城　郭】 **西ヶ谷恭弘**　(日本城郭史学会代表)『47都道府県・城郭百科』(2022)
【戦国大名】 **森岡 浩**　(姓氏研究家)『47都道府県・戦国大名百科』(2023)
【名門／名家】 **森岡 浩**　(姓氏研究家)『47都道府県・名門／名家百科』(2020)
【博物館】 **草刈清人**　(ミュージアム・フリーター)・**可児光生**　(美濃加茂市民ミュージアム館長)・**坂本 昇**　(伊丹市昆虫館館長)・**髙田浩二**　(元海の中道海洋生態科学館館長)『47都道府県・博物館百科』(2022)
【名　字】 **森岡 浩**　(姓氏研究家)『47都道府県・名字百科』(2019)

Ⅱ　食の文化編

【米／雑穀】 **井上 繁**　(日本経済新聞社社友)『47都道府県・米／雑穀百科』(2017)
【こなもの】 **成瀬宇平**　(鎌倉女子大学名誉教授)『47都道府県・こなもの食文化百科』(2012)
【くだもの】 **井上 繁**　(日本経済新聞社社友)『47都道府県・くだもの百科』(2017)
【魚　食】 **成瀬宇平**　(鎌倉女子大学名誉教授)『47都道府県・魚食文化百科』(2011)
【肉　食】 **成瀬宇平**　(鎌倉女子大学名誉教授)・**横山次郎**　(日本農産工業株式会社)『47都道府県・肉食文化百科』(2015)
【地　鶏】 **成瀬宇平**　(鎌倉女子大学名誉教授)・**横山次郎**　(日本農産工業株式会社)『47都道府県・地鶏百科』(2014)
【汁　物】 **野﨑洋光**　(元「分とく山」総料理長)・**成瀬宇平**　(鎌倉女子大学名誉教授)『47都道府県・汁物百科』(2015)
【伝統調味料】 **成瀬宇平**　(鎌倉女子大学名誉教授)『47都道府県・伝統調味料百科』(2013)
【発　酵】 **北本勝ひこ**　(日本薬科大学特任教授)『47都道府県・発酵文化百科』(2021)

【和菓子 / 郷土菓子】 **亀井千歩子** （日本地域文化研究所代表）『47都道府県・和菓子 / 郷土菓子百科』(2016)

【乾物 / 干物】 **星名桂治** （日本かんぶつ協会シニアアドバイザー）『47都道府県・乾物 / 干物百科』(2017)

Ⅲ 営みの文化編

【伝統行事】 **神崎宣武** （民俗学者）『47都道府県・伝統行事百科』(2012)

【寺社信仰】 **中山和久** （人間総合科学大学人間科学部教授）『47都道府県・寺社信仰百科』(2017)

【伝統工芸】 **関根由子・指田京子・佐々木千雅子** （和くらし・くらぶ）『47都道府県・伝統工芸百科』(2021)

【民　話】 **内藤浩誉** （國學院大學文学部兼任講師）/ 花部英雄・小堀光夫編『47都道府県・民話百科』(2019)

【妖怪伝承】 **高岡弘幸** （福岡大学人文学部教授）/ 飯倉義之・香川雅信編、常光 徹・小松和彦監修『47都道府県・妖怪伝承百科』(2017) イラスト © 東雲騎人

【高校野球】 **森岡 浩** （姓氏研究家）『47都道府県・高校野球百科』(2021)

【やきもの】 **神崎宣武** （民俗学者）『47都道府県・やきもの百科』(2021)

Ⅳ 風景の文化編

【地名由来】 **谷川彰英** （筑波大学名誉教授）『47都道府県・地名由来百科』(2015)

【商店街】 **杉山伸一** （大阪学院大学教育開発支援センター准教授）/ 正木久仁・杉山伸一編著『47都道府県・商店街百科』(2019)

【花風景】 **西田正憲** （奈良県立大学名誉教授）・**上杉哲郎** （㈱日比谷アメニス取締役・環境緑花研究室長）・**佐山 浩** （関西学院大学総合政策学部教授）・**渋谷晃太郎** （岩手県立大学総合政策学部教授）・**水谷知生** （奈良県立大学地域創造学部教授）『47都道府県・花風景百科』(2019)

【公園 / 庭園】 **西田正憲** （奈良県立大学名誉教授）・**飛田範夫** （庭園史研究家）・**黒田乃生** （筑波大学芸術系教授）・**井原 縁** （奈良県立大学地域創造学部教授）『47都道府県・公園 / 庭園百科』(2017)

【温　泉】 **山村順次** （元城西国際大学観光学部教授）『47都道府県・温泉百科』(2015)

索　　引

さ 行

た 行

な 行

は 行

ま 行

や 行

ら 行

わ 行

47都道府県ご当地文化百科・福岡県

令和6年11月30日　発　行

編　者　丸　善　出　版

発行者　池　田　和　博

発行所　丸善出版株式会社
〒101-0051 東京都千代田区神田神保町二丁目17番
編集：電話(03)3512-3264／FAX(03)3512-3272
営業：電話(03)3512-3256／FAX(03)3512-3270
https://www.maruzen-publishing.co.jp

組版印刷・富士美術印刷株式会社／製本・株式会社 松岳社

ISBN 978-4-621-30963-6　C 0525　Printed in Japan